‖ 인문교양총서 32

기억의 정치와 역사

●

황보영조

저자 **황보영조** __ 경북대학교 사학과 교수

저자는 서울대학교 서양사학과를 졸업했다. 같은 학교 대학원에서 석사학위를 받고
박사과정을 수료한 뒤, 마드리드 콤플루텐세 대학교에서 역사학 박사학위를 받았다.
서양현대사를 가르치며 스페인 근현대사, 특히 스페인 내전과 프랑코 체제 연구에 몰두
하고 있다. 지은 책으로『토지, 정치, 전쟁』(2015),『세계 각국의 역사논쟁』(2014, 공
저),『세계화 시대의 서양현대사』(2010, 공저),『꿈은 소멸하지 않는다』(2007, 공
저),『대중독재』(2004, 공저) 등이 있고, 옮긴 책으로『피와 불 속에서 피어난 라틴
아메리카』(2015, 공역),『현대 라틴아메리카』(2014, 공역),『인류의 발자국』(2013),
『세계사 특강』(2010),『대중의 반역』(2005) 등이 있다.

경북대 인문교양총서 ㉜

기억의 정치와 역사

초판 인쇄 2017년 4월 26일
초판 발행 2017년 5월 10일

지은이 황보영조
기 획 경북대학교 인문대학
펴낸이 이대현
편 집 홍혜정
디자인 안혜진
마케팅 박태훈 안현진

펴낸곳 도서출판 역락
주 소 서울시 서초구 동광로 46길 6-6 문창빌딩 2층
전 화 02-3409-2060(편집), 2058(마케팅)
팩 스 02-3409-2059
등 록 1999년 4월 19일 제303-2002-000014호
전자우편 youkrack@hanmail.net
역락블로그 http://blog.naver.com/youkrack3888

ISBN_979-11-5686-816-3 04340
       978-89-5556-896-7 세트

* 이 도서의 국립중앙도서관 출판시도서목록(CIP)은 서지정보유통지원시스템 홈페이지
 (http://seoji.nl.go.kr)와 국가자료공동목록시스템(http://www.nl.go.kr/kolisnet)에서
 이용하실 수 있습니다. (CIP제어번호 : CIP2017010123)

인문교양총서 032

기억의 정치와 역사

황보영조 지음

역락

"현재를 지배하는 자는 과거를 지배하고,
과거를 지배하는 자는 미래를 지배한다."

−조지 오웰

2005년 4월에 북경 주재 일본대사관 앞에서는 매우 인상적인 시위가 벌어졌다. 일본의 유엔 안전보장이사회 상임이사국 진출 시도를 반대하는 중국인들이 일본대사관을 향해 돌을 던졌다. 일본의 상임이사국 진출 시도에 중국인들이 왜 반대를 하고 나섰을까?

그 이유는 틀림없이 2006년도용 교과서 검정 과정에서 일본 문부과학성이 후소샤 출판사가 펴낸 중학교용 역사교과서에 대해 합격 판정을 내렸기 때문일 것이다. 이 책에는 1937년 중일전쟁 당시 중국과 아시아에서 자행한 '난징 대학살'과 같은 일본 점령군이 저지른 잔학행위의 존재를 부정하고 일제의 침략 전쟁과 식민 지배를 미화하는 내용이 들어 있었다. 중국인들이 격분할 내용이었다.

중국의 관리들은 일본의 과거사 인식을 비판하기 위해 독일의 사례를 치켜세웠다. 독일은 나치 독재의 과거를 인정하고 희생자와 유가족들에게 수십억 달러의 보상금을 지급했으며 학교 교과과정에서도 자신들의 수치스러운 과거를 비교적 솔직하게 다루었다고 지적했다. 빌리 브란트 총리와 리하르트 폰 바이체커 대통령이 아우슈비츠를 방문하고 독일이 저지른 범죄에 대해 용서를 구한 점에 주목했다. 일본이 만약에 독일과 마찬가지로 과거를 극복하기 위한 노력을 경주했더라면 중국 정부와 중국인들은 아마도 일본의 상임이사국 진출 시도에 다른 반응을 보였을 지도 모른다.

최근에는 일본군 위안부 문제가 '과거사'로 되살아났다. 과거 속에 묻혀 버린 줄 알았던 위안부 문제가 진실을 규명하고 적절한 처벌과 보상을 하며 성찰을 해야 할 '과거사'로 떠올랐다. 여기에는 피해자들의 증언이 커다란 기여를 했다.

일본군이 위안부대를 창설한 것은 1932년에 상하이 사변을 일으키면서였다. 1937년 난징대학살 이후에는 위안소 정책을 본격적으로 실시했고, 태평양 전쟁을 일으킨 1941년에 들어서는 위안부를 강제 동원하기 시작했다. 간호보조나 군수공장의 여공으로 일하게 해준다고 속여서 여성들을 데려가기도 하고 '사냥'을 하듯이 잡아가기도 했다. 집에 있다가, 동네 어귀에서 쑥을 뜯다가, 공장에서 일을 하다가 아무 영문도 모른 채 끌려간 여성들도 있었다. 그렇게 끌려간 여성들의 인생은 꽃다운 나이에 끝나고 말았다.

"제 인생은 열여섯 꽃다운 나이로 끝났습니다. (…) 내 청춘을 돌려주십시오." 1991년 광복절을 하루 앞둔 8월 14일에 고 김학순 할머니께서 하신 말씀이다. "일본군은 군위안부 문제에 관여하지 않았다"는 일본 당국의 발표에 분을 참지 못하시

• 서울 일본대사관 앞에 위치한 평화의 소녀상

던 할머니께서 그 실상을 제대로 알려야겠다고 결심하시고 당신이 일본군 위안부의 피해자임을 세계 최초로 증언하셨다. 일본군 위안부가 '과거사' 문제로 소환된 것은 바로 이런 증언들 덕분이다.

하지만 한국과 일본 정부는 2015년 12월에 공동 기자회견을 열고 양국 정부가 일본군 위안부 문제 최종 해결에 합의했다고 밝혔다. 위안부들의 명예와 존엄을 회복하고 마음의 상처를 치유하기 위한 재단을 설립하며 일본 정부가 이를 위한 자금을 출연한다는 것이 당시 양국 정부가 내놓은 해결 방안이었다. 그에 따라 화해·치유재단이 설립되었고 일본 정부는 10억 엔을 송금했다. 자금을 출연한 일본 정부는 예상대로 일본군 위안부 문제의 피해를 상징하는 소녀상 철거를 요구했다.

소녀상은 기억의 장소이다. 파리의 팡테옹, 루브르박물관, 삼색기, '자유, 평등, 형제애'의 구호, 인권선언문, 나폴레옹 법전 등이 프랑스인들에게 프랑스 민족의 기억의 장소 구실을 하듯이 국내외 여러 곳에 이미 건립된 '평화의 소녀상'이 우리에게는 일본군 위안부 문제의 기억의 장소가 된다. 일본 정부가 요구한 것은 바로 이 기억의 장소를 철거하라는 것이다.

최근 들어서는 역사교과서 국정화 문제로 논란이 많았다. 박정희 정권이 1974년에 국정화로 전환한 이후 국정체제로 발행되어오던 역사교과서가 2007년 교육과정 개정을 거쳐 2010년에 검인정체제로 전면 변경되었다. 하지만 박근혜 정부는 역사의 시계를 거꾸로 돌려 다시 국정체제로 전환하는 조치를 취했다. 2015년 10월 12일에 2017년부터 역사교과서를 국정으로 발행한다고 발표했다. 그리고 한 달쯤 뒤인 11월 3일에 검정체제에서 국정으로 바꾸는 교과용 도서 구분안을 확정 고시했다. 곧바로 교과서 제작에 착수한 교육부는 1년이 지난 2016년 11월 말에 국정 역사교과서 현장 검토본을 내놓았다.

관련 전문가인 역사학자와 역사교사들은 목소리를 높여 국정화를 반대했다. 2015년 9월에 실시한 여론조사 결과 전국 중고교 사회과 교원의 77.7퍼센트가 반대 의사를 표시했고, 객관적인 조사를 거친 것은 아니지만 역사학자들의 90퍼센트도 국정화에 반대한 것으로 알려져 있다. 하지만 박근혜 정부는 관련 전문가들의 이런 외침에도 아랑곳하지 않고 박정희 정권과 마찬가지로 국정화를 강행했다.

이상에서 살펴본 것처럼 누구는 침략 전쟁과 식민지 지배를 미화하려 하고, 누구는 위안부 문제를 적당히 얼버무리려하며, 누구는 역사교과서의 집필과 발행을 독점하려 든다. 왜 그럴까? 이런 현상을 어떻게 이해해야 할까? 이 책은 사실 이런 질문에서 비롯되었다.

사람들은 자신의 삶과 행동을 정당화하기 위해 과거에 대한 이야기를 구성한다. 과거에 대한 이야기는 현재를 해석하는 데 도움을 주고 우리가 누구인지를 알려준다. 우리가 과거에 대한 이야기에 관심을 기울이고 그것을 중시하는 이유가 여기에 있다. 이는 개인에게만 국한되는 사실이 아니다. 집단이나 국가에게도 마찬가지이다.

개인기억과 집단기억은 사회적 구성물이다. 개인기억은 다른 사람들과의 상호작용을 통해서 형성된다. 이렇게 형성된 개인기억은 사회의 지배담론을 반영하기도 하고 그 지배담론을 강화하기도 한다. 사회의 지배담론은 그것을 이용해서 자신들의 입장을 정당화하고 자신들의 목적을 실현하려는 엘리트들이 만들어낸 창작물이다. 이런 점에서 기억은 정치의 영향을 받는다.

사회는 서로 다른 필요와 이해를 지닌 집단들로 이루어져 있다. 이 집단들은 자신들의 필요를 충족시키고 이해를 증진시키는 방식으로 과거를 재구성하려 할 것이다. 그들은 과거에 대한 서로 다른 이야기를 늘어놓게 될 테고 그 결과 상호 갈등에 빠지게 될 것이다. 그리고 마침내는 자신들의 해석을 지지해달라고 촉구하고 나설 것이다. 기억 전쟁이니 역사 전쟁이니 하는 말이 나도는 까닭이 여기에 있다. 이런 갈등은 정권의 성격과 정치 문화에 따라 다양한 양상으로 나타난다. 집단들을 넘어 나라들 사이에서도 이런 갈등이 나타날 수 있다.

여기서는 이런 갈등을 보여주는 역사적 사례들을 다룬다. 시대적인 무대는 20세기이다. 세계대전과 식민지 지배, 파시즘, 홀로코스트, 군사독재 등으로 점철된 20세기 지구촌의 역사에 대한 기억과 역사해석은 당대에도 다양한 양상으로 나타났을 뿐만 아니라 세월이 흐르면서 변화하기도 했다. 지구촌의 나라들이 저마다 쓰라린 기억과 아픔의 역사를 지니고 있겠지만 여기서는 기억의 정치와 역사논쟁이 매우 첨예하게 전개된 특정 주제나 나라들의 사례를 살펴본다. 나치 독재와 홀로코스트, 스페인 내전과 프랑코 독재, 일본의 침략 전쟁과 식민지 지배가 대표적인 사례들이다.

여기서는 현대사의 주요 사건들에 대한 인식과 기억을 시간의 흐름에 따라 살펴보면서 그것의 인식과 기억에 어떤 변화가 나타나지는 않았는지, 만약에 변화가 있었다면 왜 그런 변화가 생겨났는지를 분석해본다. 이에 대한 이해를 돕기 위해서 먼저 1장에서는 기억과 역사의 의미를 짚어본다. 최근에 달아오르고 있는 기억 열풍의 배경과 기억의 속성, 기억과 역사의 관계를 역사학의 위기를 배경으로 다룬다.

이어서 2장에서는 수정주의와 부정주의를 살펴본다. 요즘 사람들의 입에 이따금씩 오르내리는 수정주의와 부정주의의 의미를 따져본다. 그것을 주창하는 대표 주자들의 주장과 그 함의를 다루게 된다. 수정주의나 부정주의가 특정 국가에 국한되지 않고 20세기 후반에 여러 나라에서 공통적으로 나타나는 현상임을 확인할 수 있을 것이다.

그 이후에는 홀로코스트의 기억, 나치 독재의 기억, 프랑스 독일강점기의 기억, 스페인 현대사의 기억, 일본의 과거사 인식, 한국 근현대사의 인식을 차례대로 분석한다. 우리는 여기서 특정한 역사적 사건에 대한 인식과 기억이 집단의 이해관계에 따라 서로 다를 수 있고, 그 인식과 기억마저 사회의 변화에 따라 바뀌게 된다는 사실을 엿볼 수 있다.

이 글을 쓰면서 국내외 학자들의 최근 연구 성과를 많이 참조했다. 일일이 출처를 밝히는 것이 마땅하지만 가급적이면 각주를 달지 않기로 한 인문교양총서의 집필 지침에 따라 그렇게 하지 않았다. 참고문헌에 제시한 연구논문과 서적들을 참조했고 더러는 일부 내용을 직간접적으로 인용했음을 밝혀 둔다. 아울러 해당 연구자들과 저자들께 양해를 구하고 감사의 마음을 전한다.

마지막으로 이 책의 출간을 허락해준 경북대학교 인문대학의 인문학기획위원회와 부족한 원고를 잘 다듬어 좋은 작품으로 만들어주신 도서출판 역락의 관계자들께 심심한 감사를 드린다.

2017년 4월 13일
저자 황보영조

차례

┃ 사진 자료 출처

위키미디어 커먼스 : 일본대사관 앞 소녀상 외
⟨1.1⟩ ⟨1.2⟩ ⟨2.1⟩ ⟨3.1⟩ ⟨3.2⟩ ⟨3.3⟩ ⟨4.1⟩ ⟨4.2⟩ ⟨5.1⟩ ⟨5.2⟩ ⟨5.3⟩ ⟨6.1⟩ ⟨6.2⟩ ⟨6.3⟩ ⟨7.1⟩.
연합뉴스 : ⟨8.2⟩.
서울신문 : ⟨7.2⟩.
교수신문 : ⟨8.1⟩.

제1장 기억과 역사

'역사학의 위기'와 기억 열풍

서울 용산에는 국립중앙박물관이 우뚝 서 있다. 1997년에 건축을 시작하여 2005년에 개관한 건물이다. 이곳으로 이전하기 전에는 박물관이 종로에 있었다. 당시에는 경복궁 경내에 위치한 옛 중앙청 건물을 보수하여 박물관으로 사용하고 있었다. 그런데 1993년 8월 어느 날, 당시 대통령이던 김영삼 전 대통령이 옛 조선총독부 건물을 해체하고 그곳에 있던 박물관을 다른 곳으로 이전하라고 청와대 비서실에 지시했다. 조상의 빛나는 유산이자 민족문화의 정수인 문화재를 옛 조선총독부 건물에 보존하는 것이 바람직하지 않다는 이유에서였다. 일제가 일제강점기에 경복궁 근정전 앞에다 조선총독부 건물을 짓고 식민통치의 위엄을 과시한 적이 있다. 그 건물에 나라의 대표 문화재를 보존하고 있었으니 민족의 자존심이 상할

〈그림 1.1〉 조선총독부 건물

만도 했다. 당시 치욕스
런 역사도 역사인 만큼
역사의 흉터를 잘 보존
해야 한다는 여론이 제
기되면서 건물 해체를
둘러싼 찬반양론이 크
게 갈리긴 했지만 광복

50주년을 맞이한 1995년 8월 15일에 총독부 건물은 결국 해체
의 길을 걸었다.

〈그림 1.2〉 인천 자유공원의 맥아더 장군상

이런 일이 있은 후에
도 한국사회는 박정희
기념관 건립이나 인천
자유공원에 세워진 맥
아더 장군 동상의 철거
여부를 둘러싼 갈등으
로 연신 홍역을 치렀다.
박정희를 산업화와 경
제발전을 이룩한 탁월
한 지도자로 치켜세우

는 자들이 있는가 하면, 민주주의와 인권을 탄압한 독재자로
비판하는 자들도 있었다. 이와 마찬가지로 맥아더를 자유와
민주주의를 지킨 한국전쟁의 영웅으로 찬미하는 자들이 있는

가 하면, 민족의 통일을 방해한 제국주의 지배의 원흉으로 비난하는 자들도 있었다. 이처럼 근래 들어 한국사회는 일제강점기, 한국전쟁, 군사독재로 이어지는 20세기 한국현대사에 대한 상이한 기억들로 홍역을 앓았다.

이러한 '기억 전쟁'은 한국사회 내부의 갈등에 국한되지 않고 동아시아 국가들 사이에서도 일어났다. 역사교과서, 신사참배, 위안부 문제를 놓고 한국과 일본이 갈등하고 있고, '동북공정' 문제를 둘러싸고 한국사회와 중국사회 사이에 마찰이 일어났다. 전자는 일제 식민지배의 기억에 관한 갈등이고, 후자는 고대국가의 기억을 둘러싼 마찰이다.

기억 문제가 한국과 동아시아 사회에서만 정치사회적 쟁점이 된 것은 아니다. 서구사회에서도 마찬가지였다. 서구 역사학계는 진작부터 기억 문제를 파고들었다. 기억을 조명하는 학술대회를 잇달아 열고 기억 문제를 다룬 연구를 쏟아냈다. 1989년에는 『역사와 기억』이라는 전문학술지를 창간했다. 기억 연구는 비단 역사학에서뿐만 아니라 심리학, 교육학, 문학, 인류학, 사회학, 철학, 종교학, 인지과학, 미디어학에서도 활발하게 전개되고 있다. 모든 길이 기억으로 통한다는 말이 나올 정도가 되었다.

그런데 기억 열풍이 근래 들어 갑자기 불어 닥친 까닭은 무엇일까? 사람들이 기억 문제를 중요시하게 된 배경은 무엇일까?

기억에 사람들의 관심을 집중시킨 것은 다름 아니라 유대인대학살, 곧 홀로코스트였다. 제2차 세계대전 중 나치 독일이 자행한 홀로코스트를 1980년대 들어 재평가하기 시작하면서 생존자들의 기억에 관심을 기울이게 된 것이다. 기억을 종교적 계율로 강조하는 유대인들이 기억을 산업으로 발전시킨 것도 여기에 한몫 거들었다. 그들이 만들어낸 대표상품이 바로 홀로코스트였다. 미국 대학에 홀로코스트 관련 강좌가 우후죽순처럼 생겨났고, 홀로코스트와 관련된 일자리가 늘어났으며, 홀로코스트를 다룬 책들의 출판 시장 전망이 좋았다. 프랑스 역사가 앙리 루소가 지적한 대로 아우슈비츠의 기억이 기억의 시대를 연 주된 요인임에 틀림이 없다.

이런 가운데 1990년대를 전후하여 일부 국가들에서는 과거청산 운동이 일어났다. 민간인 학살과 인권유린 등 문제가 되는 과거사를 정리하고 극복하려는 과거청산 운동은 정치적 민주화와 세대교체를 배경으로 추진되었다. 과거사에 대한 진상을 규명하고 그것을 반성하고 애도하며 치유하는 데는 무엇보다도 기억이 중요한 요소로 부상했다. 나치 독재를 겪은 독일과 나치에 협력한 역사를 지닌 프랑스에서는 물론이고 내전과 군사독재를 연이어 경험했거나 둘 가운데 어느 하나를 겪은 스페인과 칠레, 아르헨티나, 과테말라에서도, 인종차별의 상흔이 남아있는 남아프리카공화국에서도 승자와 가해자들의 '공식기억'에 도전하는 패자와 희생자들의 목소리가 터져 나오기 시작했다.

1990년대 초에 소련이 해체되면서 사회주의 이데올로기가 쇠퇴하고 현실사회주의가 붕괴된 것도 기억 담론을 활성화하는 데 이바지했다. 장밋빛 미래를 약속한 사회주의 이데올로기가 쇠퇴하고 미래의 전망이 불투명해지자 각 나라들은 영광스러운 과거를 돌아보며 과거에 관심을 기울이기 시작했고, 저마다 자신들 고유의 '민족기억' 내지는 '역사기억' 만들기에 뛰어들었다. 프랑스 역사학자 피에르 노라는 프랑스인들이 '역사에서 기억으로 회귀'하게 된 이유를 프랑스의 국제적 위상이 하락한 데서 찾았다. 그가 기억이라는 렌즈로 프랑스의 과거를 재조명한 까닭도 여기에 있다. 여기서 우리는 한 가지 사실에 유의해야 한다. 새로 부활한 '민족' 개념은 '내적인 정화와 외적인 배척', 곧 민족주의를 위한 것이 아니라 화해와 통합을 위한 새로운 개념이라는 사실이다.

홀로코스트가 기억의 시대를 열고 과거청산 운동과 사회주의의 쇠퇴가 기억 담론을 활성화하는 데 이바지하기는 했지만 기억을 중요시하게 된 근본적 요인은 아마도 '역사학의 위기'에서 찾아야 할 것이다. 역사의 절대적 가치를 의문시하게 된 데서 말이다. 역사의 객관성과 진실성이 흔들릴수록 기억을 중요시하는 경향이 나타났던 것이다.

근대 역사학은 19세기에 시작되었다. 랑케를 비롯한 19세기 역사가들은 역사를 과학으로 여겼다. 역사에서 도덕적 규범이나 교훈을 얻고자 했던 종전의 '아마추어' 역사가들과 달리 그들은 과거를 '있었던 그대로' 복원하고자 했다. 사료가 되는 기록에 역사적 사실이 들어 있다고 본 이들 '전문' 역사가들은 그 기록에서 역사적 사실을 발견할 수 있다고 믿기에 이르렀다. 그들이 자료를 수집하고 그 자료를 비판적으로 검토하여 객관적인 지식을 만들어내고자 했던 까닭이 여기에 있다. 사료를 비판적으로 검토하여 역사적 사실을 재구성하려는 경향의 역사학을 '실증사학'이라고 불렀다.

역사적 사실이 역사가와 분리되어 독립적으로 존재한다고 보는 실증사학은 20세기에 들어와 '사회사'라는 새로운 역사학이 등장하면서 비판의 도마 위에 올랐다. 논란의 핵심은 과연 과거의 사실이 역사가와 별도로 존재할 수 있는가 하는 문제와 정말로 역사가 사료상의 증거를 바탕으로 '객관적으로' 재구성될 수 있는가 하는 문제였다. 역사서술이란 역사가의 자료 선택과 해석, 곧 역사가의 개입과 중재로 구성된다고 본 새로운 역사학의 입장에 선 역사가들은 이제 역사의 진실성과 객관성에 대해 신중한 태도를 보이기 시작했다. 그와 동시에 그들은 역사의 과학성을 보충하고자 사회과학적 개념과 이론을 역사연구에 활용하기 시작했다. 그들은 여전히 과학적이고 객관적인 역사의 가능성을 믿고 있었던 것이다.

하지만 20세기 마지막 사분기에 들어와 이러한 믿음이 송두리째 흔들리기 시작했다. 포스트모더니즘이라는 거대한 지적 도전이 제기된 것이다. 역사학에 미친 포스트모더니즘의 영향은 크게 두 가지 경향으로 나타났다. 이른바 '언어로의 전환'과 서사(내러티브) 이론이 그것이다.

역사학을 언어의 중요성에 입각해서 새롭게 규정하려는 '언어로의 전환' 경향은 기호학적 언어이론을 그 바탕에 두고 있다. 이 이론에 따르면 언어 외에 실제로 존재하는 것은 없고 실제로 존재하는 것은 언어로 구성된다. 따라서 역사적 사실이 기록 속에 실제로 존재한다는 생각은 환상에 지나지 않게 된다. 역사적 사실이란 과거 그 자체가 아니라 과거에 대한 하나의 '진술'에 불과하게 된다. 다시 말해 역사란 과거 그 자체가 아니라 역사가가 과거에다 특정한 의미를 부여하여 만들어내는 하나의 담론일 뿐이다. 사정이 이렇게 되면 역사의 객관성에 대한 믿음은 한낱 '고귀한 꿈'으로 전락하고 만다.

역사의 객관성을 뒤흔들고 있는 것은 비단 '언어로의 전환'만이 아니다. 서사 이론도 마찬가지이다. 미국의 역사가 헤이든 화이트가 주장한 이 이론에 따르면 역사서술의 대상이 되는 과거의 의미는 이야기를 구성하는 방식, 곧 서사의 플롯에 따라 결정되는데 이 플롯을 역사가가 제공한다. 이런 점에서 역사는 본질적으로 '픽션'의 성격을 지니고 역사가는 소설가와 더 이상 구별되지 않는다. 서사는 과거 그 자체가 아니라 과거를 이해하는 하나의 열쇠에 해당할 뿐이다.

'언어로의 전환'이나 서사 이론을 종합해보면, 역사서술은

'과거 자체에 대한 진술'이라기보다는 '과거와 관련하여 역사가가 생각하는 것에 대한 진술'이 된다. 역사가 담론에 불과하다거나 역사가 소설과 본질적으로 크게 구별되지 않는다는 주장은 과학적이고 객관적이라고 간주해온 역사학의 존재기반 자체를 위협한다. 이것이 이른바 '역사학의 위기'이다.

기억 담론이 부상한 배경에는 바로 이러한 '역사학의 위기'가 있다. 근래에 공식 역사에 대한 비공식 역사의 비판은 물론이고 역사에 대한 기억의 비판이 거세게 일어난 것은 이러한 맥락과 무관하지 않다.

기억의 속성

그렇다면 기억이란 도대체 무엇일까? 기억에는 어떤 종류가 있고 그 성격은 어떠할까? 그리고 기억과 역사는 어떤 관계일까? 이런 질문에 답하기 위해서는 기억 연구자들의 주장에 귀를 기울일 필요가 있다.

기억이론의 대표적 선구자는 프랑스의 사회학자 모리스 알박스이다. 1920년대부터 기억 문제에 관심을 가진 알박스는 기억의 사회적 속성을 밝혀냈다. 기억이 과거를 상기하는 활동이라는 점에서 기억의 주체는 개인일 수밖에 없다. 하지만 알박스는 개인적 차원의 기억 이해를 경계했다. 과거를 상기할 때면 언제나 각종 사회 제도나 인물, 사건 등과 결부하여 회상하고 사회에서 공인된 기호와 상징체계를 활용하여 그렇게 하기 때문에 순수한 의미의 개인기억은 존재하지 않는다는 것이다. 요컨대 기억은 언제나 '사회적 틀' 속에서 형성되고, 기억은 모두 집단기억의 성격을 지닌다.

알박스에 따르면 구성원들의 의사소통과 상호작용을 통해 형성되는 집단기억은 집단 내부에 지속성과 연속성, 동질성을 만들어내는 집단 특유의 정체성을 제공한다. 이 집단기억은 한걸음 더 나아가 특정한 '공간'으로 구체화된다. 이를테면 기독교 순례자들이 예루살렘을 예수의 수난과 부활에 대한 집단기억을 떠올리게 해주는 '성지'로 창조했다. 그 후 예루살렘은 기독교인들에게 정체성을 제공하는 기념장소가 되었다.

알박스는 이렇듯 생생한 기억으로서 구성원들에게 구체적 정체성을 제공하는 집단기억을 직접 경험과 유리된 추상적인 역사와 명확히 구분했다. 그가 말하는 집단기억은 보편적 의미의 역사에 속하지 않았다.

영국의 문학사가 프랜시스 예이츠도 기억은 언제나 특정한 공간과 관련된다는 사실을 밝혀냈다. 근대 초에 그것이 사라지기 전까지 고대 로마 시대의 '기억술' 전통은 해당 시대의 기억의 장소와 관련이 있었다. 친근하면서도 상징적인 기억의 장소는 과거의 체험을 생생한 기억의 형태로 반복적으로 떠올릴 수 있게 해주었다.

노라는 예이츠가 말한 기억의 장소의 개념을 다른 의미로 변형시켰다. 여기서 '장소'는 이제 더 이상 구체적 공간을 가리키지 않고 상징화된 이미지로서 기억의 부재를 나타낼 뿐이다. 기억의 장소란 이제 기억의 흔적에 지나지 않고 그것이 어떤 의미를 가지려면 해석을 해야 한다. 노라는 프랑스 민족의 기억의 장소로 파리의 팡테옹, 루브르박물관, 삼색기, '자유, 평등, 형제애'의 구호, 인권선언문, 혁명력, 나폴레옹법전, 에른스트 라비스가 편집한 저서 『프랑스사』 등을 제시했다. 여기에는 특정한 사물이나 장소는 물론이고 상징적 행위나 기호, 기구 등이 기억의 장소로 망라되어 있다. 역사책도 예외는 아니다. 이들은 그것이 유서 깊은 장소이기 때문에 기억의 장소인 것이 아니다. 프랑스 민족의 기억을 떠올릴 수 있게 하는 하나의 흔적, 곧 기억에 대한 기억을 일깨우는 매개체이기 때문에 기억의 장소인 것이다.

한편 독일의 문화학자 얀 아스만과 알라이다 아스만 부부는 알박스의 집단기억 이론을 보완하여 문화기억 이론을 제시했다. 이들은 의사소통이라는 기억의 사회적 차원을 강조한 알박스가 시간적으로 멀리 떨어진 과거의 기억에 나타나는 역동적 변화의 차원을 간과했다고 보았다. 정치적 지배권을 차지한 집단은 대개 자신들의 정당성을 확보하고자 멀리 떨어진 과거의 기억을 다양한 매체를 동원하여 인위적인 방식으로 꾸며낸다. 상징, 아이콘, 묘비, 사원, 기념비, 제의, 축제 등이 그런 매체들이다. 이렇게 구성된 기억을 얀 아스만은 문화기억이라고 불렀다. 과거의 생생한 기억이 객관화된 문화의 형태로 바뀌게 된 것이다. 증언자들이 사라지고 전수된 기억이 줄어들수록 문화적으로 형성된 기억의 중요성이 상대적으로 부각되게 된다. 문화기억 또한 공동체 구성원들에게 공동의 정체성을 제공하는 구실을 한다. 박정희기념관 건립과 맥아더 장군 동상 철거 여부를 놓고 열띤 논란을 벌이는 이유를 이런 점에서도 찾아볼 수 있다.

아스만 부부는 기억과 역사를 대립적인 것으로 보지 않았다. 기억과 역사 양자를 '차가운 기억'과 '뜨거운 기억' 또는 '기능기억'과 '저장기억'으로 구분했을 뿐이다. 기억의 큰 틀 안에 역사를 포함시킨 그들은 기억과 역사를 구별하는 특별한 경계선이 존재한다고 생각하지 않았다.

이상에서 살펴본 기억 연구자들의 주장들 속에서 우리는 기억의 속성 몇 가지를 확인해볼 수 있다. 우선 기억은 본질적으로 집단기억의 성격을 띤다. 이것은 기억의 주체가 집단이라는 말이 아니다. 개인이 기억을 소유하게 되지만 개인의 기억은 사회적 틀 속에서 이루어지는 의사소통과 상호작용을 통해서 형성된 기억이라는 뜻이다.

둘째로, 기억은 현재 지향적이다. 기억은 언제나 현재의 시점에서 재구성된다. 기억이 시점에 따라 변하기도 하고 서로 다른 기억들이 존재할 수 있는 이유가 여기에 있다. 이탈리아 탐험가 크리스토퍼 콜럼버스에 대한 기억을 예로 들어보자. 아메리카를 '발견한' 위대한 영웅이자 위대한 제독으로 추앙을 받아온 콜럼버스가 미국 역사학자 알프레드 크로스비가 1973년에 『콜럼버스가 바꾼 세계』라는 책을 출간하면서부터 라틴아메리카의 인구 감소와 환경 파괴를 불러온 항해자로 알려지게 되었다. 콜럼버스의 항해 5백 주년을 기념하는 1992년에는 역사상 제일 위대한 항해자에서부터 비전에 넘치는 천재, 민족의 영웅, 실패한 행정가, 순진한 사업가, 잔인하고 탐욕스런 제국주의자에 이르기까지 그에 대한 기억들이 그야 말로 다양해졌다.

셋째로, 기억은 선택적이다. 우리는 과거의 모든 내용을 기억하지 않고 어떤 내용은 기억하며 또 어떤 내용은 잊게 된다. 보존되는 기억은 그것이 의미가 있기 때문인데 의미를 부여하는 것은 개인이 아니라 집단이다.

넷째로, 기억은 집단을 이루는 구성원들에게 공동의 정체성을 제공한다. 집단이 공동의 기억을 통해 일체감을 확인하고 유대를 강화하려는 이유가 여기에 있다.

마지막으로, 기억은 당파적이다. 기억은 권력관계에 종속되고 집단의 이익과 이데올로기에서 자유롭지 않다.

그동안 역사가들이 기억을 부정적이고 비판적으로 본 이유는 기억의 이러한 속성들 때문이다. 이런 속성들을 지닌 기억이 과연 위기에 봉착한 역사학의 역할을 대신할 수 있을까? 기억은 역사와 어떤 관계일까?

기억과 역사의 관계

앞서 살펴본 기억 연구자들의 주장에서 확인할 수 있다시피 우선 기억과 역사를 대립적으로 파악하는 사람들이 있다. 과학적이고 객관적인 역사의 가능성을 신봉한 실증사학자들도 기억에 대한 역사의 우위를 내세우며 양자를 구별했지만, 기억에 대한 관심을 호소한 기억 연구자들도 마찬가지였다. 알박스는 기억은 삶과 연계된 구체적인 것인 데 반해 역사는 직접 경험과 유리된 추상적인 것이라고 말했다. 노라는『기억의 장소』1권에서 자신이 생각하는 양자의 차이를 좀더 장황하게 설명했다.

"이처럼 기억과 역사는 동의어이기는커녕 정반대라는 것을 우리는 이제야 깨닫는다. 기억은 삶이고, 언제나 살아 있는 집단에 의해 생겨나고 그런 이유로 영원히 진화되어가며, 기억력과 건망증의 변증법에 노출되어 있고, 의식하지 못한 채 끊임없이 왜곡되며, 활용되거나 조작되기 쉽고, 오랫동안 잠자고 있다가 갑자기 회복되기도 한다. 반면 역사는 더 이상 존재하지 않는 것에 관한 미완성의 그리고 언제나 새로운 문제를 제기하는 재구성이다. 기억이 언제나 현재 일어나고 있는 현상이고 우리를 영원한 현재에 묶는 끈이라면, 역사는 과거에 대한 하나의 표상이다."

그는 심지어 역사에게 기억은 언제나 의심스러운 존재이고 "역사의 사명은 기억을 파괴하고 격퇴하는 것"이라고까지 말했다. 역사가 이른바 과학의 지위에 올라서면서 경험된 과거, 곧 실재하는 과거와의 자연스러운 연결을 파괴했다. 그 결과 우리 삶과 유리되어 있는 역사가 판을 치게 되었다. 이러한 '역사의 해악'을 해소하려면 기억으로 돌아가야 한다. 알박스와 노라가 기억을 강조한 이유가 여기에 있다. 이들의 주장에 등장하는 기억과 역사는 기본적으로 모순적 갈등관계이다.

반면에 기억과 역사를 상호보완적 관계로 파악하는 이들이 있다. 양자의 관계를 이렇게 인식하게 된 배경에는 역사에 대한 이해 변화가 크게 작용했다. 앞서 '역사학의 위기'를 설명하면서 얘기했다시피, 역사도 현재의 관점에서 창안하는 것이고, 따라서 역사를 서술할 때 당파성을 배제하기가 어렵다고 인정하는 역사가들이 최근 들어 늘어났다. 이들은 역사가 역사가들의 자료 선택과 해석을 통해 재구성되고 동일한 과거에 대해 복수의 역사가 존재한다는 점에서 역사와 기억에는 본질적인 차이가 없다고 본다. 역사를 '사회적 기억'으로 규정하는 영국의 역사가 피터 버크가 대표적 인물이다. 이처럼 기억과 역사를 동일 차원에 놓고 이해하려는 사람들은 기억에는 역사의 비판적 성격이, 그리고 역사에는 기억의 생동성이 상호보완 기능을 할 수 있다고 본다.

역사는 두 가지 점에서 기억의 한계를 보완해줄 수 있다.

우선 역사 특유의 비판적 기능을 통해서 기억의 시시비비를 가리고 그 내용을 수정보완하며 기억의 주관적 오류를 축소하는 데 이바지할 수 있다. 역사는 또한 과거의 구체적인 경험을 거시적으로 조망하고 그 경험을 타자의 시각으로 바라볼 기회를 제공해준다.

반면에 기억은 일상생활과 단절된 무미건조한 역사에 구체적인 생동성을 더해준다. 기억은 객관성이라는 미명하에 추상화되어 버린 역사에 생의 변화를 추적하고 재현하는 역사 본래의 목적을 회복시켜준다. 심성사와 일상사가 이를 잘 대변해준다. 이들은 의례와 상징을 통해 전승된 문화기억과 동시대인들이 공유하는 의사소통기억을 분석하여 과거의 생활 세계를 그려낸다. 또한 억압되고 잊힌 소수집단과 주변집단의 기억은 '지배자의 역사'나 '승자의 역사'가 범하기 쉬운 오류를 바로잡아 주는 구실을 한다. 소수민족의 역사나 여성사가 그런 부류에 속한다.

최근에는 기억과 역사를 새롭게 결합해야 한다는 주장도 제기되었다. 1980년대 중반 이후 서구 역사학계에 등장한 '역사문화'와 '기억문화' 연구가 그것이다. 역사의 가치가 하락하는 상황에서 제기된 '역사문화' 이론은 역사를 과거에 존재한 '실재'가 아니라 현재하는 문화의 표현으로 파악하는 관점에 기반을 두고 있다. 이러한 시각에 따르면 역사문화는 더 이상 고정되어 있지 않고 상황의 변화에 따라 항구적으로 변모하게 된다. 이러한 관점을 지닌 역사가들은 과거의 객관적 진실보다는 과거를 재현하는 다양한 방식과 매체에 더 큰 관심을 기울인다. 한편 얀 아스만이 제시한 문화기억과 거의 동일한 의미로 사용되는 '기억문화' 연구는 기억의 예술적 형상화와 그 매체는 물론이고 특정 기억을 중심으로 결속된 기억공동체와 기억을 둘러싼 사회적 투쟁 등에 관심을 둔다. 종전에는 역사가가 "그것이 실제로 어떠했던가"에 주목했다면 이제는 "그것이 어떻게 기억되는가"에 관심을 기울이기 시작했다고 볼 수 있다. 역사정책, 박물관, 기념비, 축제, 역사서술 등을 주요 연구 대상으로 하는 '역사문화'와 '기억문화' 연구가 앞으로 역사학에 과연 어떤 변화를 가져올지 자못 기대가 된다.

기억의 정치, 역사의 정치

기억과 역사를 대립적인 것으로 파악하든, 아니면 상호보완적인 관계로 보든, 정도에 차이가 있을지는 모르겠지만 양자 모두 현재의 관점과 시각에서 재구성된다는 속성을 지니고 있다. 기억과 역사가 정치와 밀접한 관련을 갖게 되는 이유가 여기에 있다. 개인은 물론이고 집단과 국가도 특정한 목적을 위해 기억과 역사를 이용하고 심지어는 조작하기까지 한다. 과거의 사건을 기억하는 방식이 현재의 의미를 결정할 뿐만 아니라 미래의 행위에도 영향을 미치기 때문이다. 이를 두고 조지 오웰은 일찍이 "현재를 지배하는 자는 과거를 지배하고, 과거를 지배하는 자는 미래를 지배한다"고 말했다. 정치권력은 과거의 기억을 자신의 권력을 정당화하는 데 이용하고 그것을 위해 기억을 통제하는 경향이 있다. 이른바 기억의 정치이자 역사의 정치이다.

근대 국민국가들은 무명용사의 기념비나 무덤을 매우 중시하여 그것들을 국가의 영광과 미래를 담보하는 공식기억으로 승화시켰다. 과거의 기억들이 민족을 통합하는 좋은 소재가 되기 때문이었다. 그들은 또한 국가를 영속시키기 위한 전통과 신화를 창안하기도 했고, 정부 권력자들은 자신들의 권력이나 정책을 정당화하기 위해 그 전통과 신화를 이용했다. 그들은 특히 위기나 재난을 극복한 과거의 기억이나 역사를 매우 유용하게 활용했다. 이런 신화들은 다른 기억들을 잊게 하거나 억누르는 효과를 낳기도 했다.

프랑스 제5공화국 초대 대통령을 지낸 드골의 레지스탕스 신화가 그 대표적인 사례다. 그는 자신을 나치 독일에 저항한 레지스탕스의 상징적 인물로 내세우면서 레지스탕스 신화를 민족 신화로 만들었다. 그러면서 독일에 협력을 한 비시 정부 (1940~1944년)의 역사를 프랑스의 공식역사에서 빼버렸다. 그 결과 1976년 조사에서 프랑스인들 절반 이상이 1940년대 당시 자기 나라의 국가수반이 누구였는지 모른다고 대답할 정도가 되었다. 1980년대에 영국과 미국에 들어선 보수정권이 역사학의 위기를 타개하고 역사교육을 쇄신한다는 명분으로 전개한 역사 수정주의 운동도 기억의 정치와 역사의 정치를 보여주는 사례에 속한다. 좀 극단적이기는 하지만 유대인들을 학살한 홀로코스트는 실제로 존재하지 않았으며 그것은 꾸며낸 이야기, 곧 신화이거나 날조에 불과하다고 주장하는 부정주의는 기억과 역사를 노골적으로 조작한 경우라고 볼 수 있다.

다른 한편으로 공동의 기억을 만들어 민족의 정체성을 강화하고자 하는 시도는 국가들 사이에 역사전쟁을 낳기도 한다. 일본의 역사교과서 왜곡과 중국의 동북공정을 둘러싸고 벌어지는 한국과 일본, 한국과 중국의 갈등이 그것이다. 이런 점에서 "기억은 오랫동안 민족주의적 욕망의 시녀 노릇을 했으며, 역사학은 그 욕망을 실현하는 데 필요한 고위급 자문위원 구실을 했다"는 미국 역사사회학자 제프리 올릭의 비판은 매우 의미심장하다.

개인은 물론이고 집단이나 국가도 자신의 주장을 정당화하거나 자신의 행동을 합리화하기 위해 곧잘 과거를 이용한다. 그런데 과거의 기억과 역사는 언제나 현재의 관점에서 재구성된다. 그렇기에 이들은 당파성에서 자유롭지 않다. 심지어 조작의 대상이 되기도 한다. 하나의 기억, 하나의 역사가 아니라 복수의 기억, 복수의 역사가 존재하는 이유가 여기에 있다. '기억의 민주화' 시대에는 특히 그러하다. 기억은 물론이고 역사도 치열한 경쟁이 벌어지는 곳이다.

제2장 수정주의와 부정주의

수정주의의 의미

요즘 우리 사회에서도 역사 수정주의(이하에서는 수정주의)라는 말을 이따금씩 접하게 된다. 2013년에 출간된 박유하 교수의 저서 『제국의 위안부』를 두고 그 내용이 제국주의와 파시즘, 자본주의의 역사를 옹호하는 수정주의에 속한다는 주장이 제기되었고, 그와 관련된 내용이 언론에 보도되었다.

우리가 수정주의를 얘기할 때는 주의를 기울여야 한다. 이용어를 크게 두 가지 의미로 사용하고 있기 때문이다. 학술적의미와 경멸적 의미가 그것이다. 전자는 새로운 자료를 발굴했거나 기존 자료를 새로운 시각에서 분석한 결과 과거에 일어난 어떤 사실에 대해 기존 해석과 다른 해석을 제시하는 경우를 일컫고, 후자는 정치적인 의도를 갖고 과거 사실을 왜곡하거나 조작하는 경우를 일컫는다.

사실 수정주의자라는 말은 이미 19세기 말부터 유행했다. 당시 블라디미르 레닌이 점진적 사회주의를 주장한 에두아르트 베른슈타인을 배신자라고 낙인찍으면서 그를 수정주의자라고 불렀다. 베른슈타인은 서구 자본주의 사회의 발전 추세를 고려할 때 기존의 혁명 노선에 비해 개혁주의 노선이 유용하다고 주장하면서 혁명적 마르크스주의와 거리를 두었다. 당시 정설을 배신했다는 의미로 사용되던 '수정'이란 용어가 나중에는 기존의 교리와 이론, 법칙, 해석에 이의를 제기한다는 의미로 단어의 뜻이 확대되었다.

오늘날에는 기존 역사서술의 '진실'에 도전하는 해석들을 모두 수정주의에 속한다고 본다. 이를테면 프랑스 혁명(1789~1799년)에서부터 스페인 내전(1936~1939년)에 이르기까지 그리고 공산주의에서부터 파시즘과 나치즘에 이르기까지 근현대사에 전개된 중요 사건과 현상들에 대해 새로운 해석을 시도하는 역사적 견해들을 수정주의라고 부른다.

아날학파를 창설하는 데 참여한 프랑스 역사학자 마르크 블로크는 나치 비밀경찰에 총살당하기 직전에 남긴 미완의 저서 『역사를 위한 변명』에서 다양한 성질의 자료를 모아서 의미심장한 사실에 도달하는 것이 역사에 관한 연구라고 했다. 그는 또한 본래 과거는 어떠한 것에 의해서도 변화할 수 없지만 "과거에 관한 인식은 끊임없이 변화하고 개선되며 진보될 수 있다"고 주장했다. 이런 점에서 본다면 역사서술은 언제나 수정될 수 있다.

하지만 수정주의라는 말에는 부정적이고 경멸적인 의미도 들어있다. 과학적인 근거도 없이 정치적 목적으로 어떤 역사적 사실을 왜곡하거나 부정하는 경우에도 '수정'이라는 말을 사용한다. 이런 경우 수정주의는 대개 극우세력의 정치적 입장과 결부된다. 나치의 유대인 학살이 날조된 것이라며 홀로코스트의 존재 자체를 부정하는 일부 극우 지식인들의 담론이 이런 부류의 수정주의에 속한다. 프랑스의 모리스 바르데쉬, 폴 라시니에, 앙리 로크, 로베르 포리송이 이런 담론을 제기한 대표적 인물이다. 이들의 주장은 역사적 사건 자체를 부정한다는 점에서 역사적 사실에 대한 재해석을 시도하는 학술적 의미의 수정주의와는 다르다. 프랑스의 역사학자 앙리 루소는 그것이 나치의 범죄사실을 '부정'하는 담론이라는 점에서 이러한 의미의 수정주의를 '부정주의'라고 불렀다. 부정주의라는 용어는 수정주의에 들어있는 두 가지 의미의 혼동을 피하고 애매한 의미를 더욱 명확하게 해준다는 점에서 매우 유용하다.

주요 수정주의자들

유럽의 수정주의는 제2차 세계대전 이후 현대 유럽의 성격과 의미에 대해 마르크스주의 역사가들이 만들어낸 역사적 패러다임을 비판하면서 확산되었다. 쟁점을 불러일으킨 주제

〈그림 2.1〉 렌조 데 펠리체

는 크게 두 가지였다. 프랑스 혁명과 파시즘이 그것이다. 마르크스주의 역사가들은 프랑스 혁명이 자본주의 사회를 낳았으며 그것이 1917년 러시아의 사회주의 혁명으로 이어졌다고 주장했다. 그들은 또한 파시즘을 사회주의의 대립 개념으로 정의하고 그것을 부르주아적이고 자본주의적인 반혁명의 전형으로 파악했다. 이러한 해석이 당시 유럽의 대중들 사이에 널리 확산되어 있었다. 하지만 이러한 해석은 곧 위기에 봉착하게 된다. 1960년대와 1970년대에 들어서 이른바 수정주의 역사가들이 활약하기 시작한 것이다. 렌조 데 펠리체, 프랑수아 퓌레, 에른스트 놀테가 그들이다.

먼저 그동안 절대 악으로 간주해온 파시즘을 역사적 성찰과 연구의 대상으로 삼은 이탈리아 역사가 데 펠리체는 이탈리아 파시즘이 혁명적 운동이었고 국민들이 그것을 지지했다고 주장하면서 이탈리아 좌파의 지적 헤게모니에 도전했다.

데 펠리체는 1929년 4월 8일 이탈리아 중부에 위치한 도시 리에티에서 1차 세계대전에 참전한 예비역 장교이자 세관원의 아들로 태어났다. 로마대학에서 철학을 공부하던 그는 그곳에서 역사가 페데리코 차봇을 만나면서 역사 연구에 뛰어들었다. 초창기에 그는 마르크스주의에 매력을 느껴 공산당에 입당했고 23세이던 1952년에는 미 제국주의에 항거하는 데모를 조직했다가 체포되기도 했다. 하지만 소련의 헝가리 침공에 반대하여 1956년에 그는 공산당을 탈당했다. 마르크스주의 이론가이자 이탈리아 공산당 창설자인 안토니오 그람시의 영향을 크게 받은 그가 마르크스주의와 거리를 두고 자유주의와 보수주의를 가까이 하기 시작한 것이 이때부터였다. 그는 역사에서 정치적 요소와 문화적 요소를 제쳐두고 경제적 결정론을 주장하는 마르크스주의에 문제가 있다고 보고 문화사와 인류학에 관심을 가졌다. 이때 독일계 유대인 역사학자 조지 모스와 이탈리아계 아르헨티나인 사회학자 지노 헤르마니의 영향을 많이 받았다.

데 펠리체의 고백에 따르면 그는 우연한 계기로 파시즘에 관심을 갖게 되었다. 그는 워낙에 이탈리아의 유대인 문제에 관심을 갖고 있었다. 그러던 그가 이탈리아 유대인들에 관한 역사책을 집필하면서 1920년대와 1930년대를 다루게 되었다. 이 시기 유대인들의 처지를 분석하다가 파시즘 문제를 건드리게 되었고 급기야는 파시즘 자체에 관심을 기울이게 된 것이다.

파시즘 역사를 연구하기로 한 그가 1965년에 출간한 제1권을 시작으로 1996년 사망 직전에 출간한 제7권에 이르기까지 모두 7권에 달하는 무솔리니 전기를 저술했다. 모두 합해서 7

천 쪽이 넘는 이 전기로 데 펠리체는 이탈리아 파시즘 연구의 최고 권위자라는 세계적 명성을 얻게 되었다.

하지만 그 길이 순탄하지만은 않았다. 그의 주장들이 학계는 물론이고 대중들의 관심을 끌어 모은 대논쟁을 촉발시켰다. 그의 견해에 반대하는 학생들의 방해로 그의 대학 강의가 자주 중단될 정도였다. 심지어는 사망하기 몇 개월 전에 그의 저택에 방화용 물질이 날아들기도 했다.

데 펠리체는 1969년에 출간한 저서『파시즘에 관한 해석들』에서 파시즘을 1차 세계대전과 2차 세계대전 사이 유럽에서 전개된 유럽적 현상으로 파악하고 파시즘이 출현하는 데는 다양한 요소들이 복합적으로 작용했다고 주장했다. 그의 설명에 따르면 파시즘을 열렬히 옹호한 계급은 1차 세계대전 이후 사회경제적 위기에 직면한 소부르주아 계급, 곧 중산층이었다. 노동자 정당들의 실책을 목격하고 볼셰비즘의 위협을 두려워하던 중산층은 파시즘이 한편으로는 프롤레타리아 계급에 그리고 다른 한편으로는 대부르주아 계급에 맞서 싸울 수 있게 해주는 혁명 운동이라고 보았다. 그들이 이해한 파시즘은 한계와 모순이 있는 단순한 구질서의 복원 운동이 아니라 종전보다 더 낫고 더 공정한 새로운 사회 질서를 만들어내는 혁명 운동이었다. 이들 중산층이 바란 것은 한마디로 점진적인 혁명이었다. 그들은 자신들의 독자적인 기능과 문화와 권력을 원했다. 이런 점에서 데 펠리체의 파시즘 해석은 그것을 자본주의적·반프롤레타리아적 반동이라고 규정한 마르크스주의 해석과 매우 달랐다.

데 펠리체가 1975년에는 『파시즘에 관한 인터뷰』를 출간했다. 모스의 제자인 미국 역사학자 마이클 리든이 그를 인터뷰하여 만든 이 책은 그 분량이 겨우 125페이지밖에 안 되는 얇은 책이지만 출간되자마자 엄청난 논란을 불러일으켰다. 데 펠리체는 독일의 나치즘이 이탈리아의 파시즘과 다르다고 주장했다. 두 세계와 두 전통, 두 역사의 차이가 단일한 분석 대상으로 삼기 어려울 정도로 매우 다르다는 것이다. 이를테면 무솔리니를 비롯한 파시스트들이 내세운 인종 개념은 나치들의 그것과 달리 생물학적인 개념이 아니고 영적인 개념이었다. 그는 또한 정치사회 운동으로서의 파시즘과 체제로서의 파시즘을 구분하고 전자의 파시즘을 혁명적 파시즘으로 규정했다.[1] 그는 『파시즘에 관한 해석들』에서와 마찬가지로 이 책에서도 중산층의 역할을 강조했다. 중산층은 몰락의 위기에 처한 것이 아니라 상승일로에 있었으며 정치권력을 차지하려고 했다. 그가 파시즘을 근대적 성격의 새로운 해결책을 제시하는 운동으로 파악한 이유가 여기에 있다.

마지막으로 데 펠리체는 특히 1929년과 1936년 사이에 이

---

[1] 1922년 로마행진에서 1935년 에티오피아 침공에 이르는 시기의 파시즘이 전자의 파시즘에 해당하고, 파시즘을 무솔리니 개인권력의 상부구조로 삼으려 한 그 이후 시기의 파시즘이 후자의 파시즘에 해당한다.

탈리아 국민들 상당수가 파시즘 정권을 지지했다는 점을 강조했다. 이러한 지지는 이 기간에 프랑스와 영국, 독일, 미국에 비해 이탈리아가 상대적으로 평화를 누리고 있는 데서 비롯되었다. 1935년에 에티오피아를 침공할 때는 국민적 합의가 최고조에 달했다.

이러한 데 펠리체의 주장들에 대해 좌파, 특히 공산당 계열의 역사가들이 좌시하지 않았다. 그들은 데 펠리체가 무솔리니와 파시즘을 옹호한다고 비판했다. 그들은 한걸음 더 나아가 그가 무솔리니에게 면죄부를 주고 파시즘을 부활시키고자한다고 비난하기까지 했다. 여기서 흥미로운 것은 일부 우익인사들도 그의 저서들에 담겨 있는 내용들에 대해 호의적인 반응을 보이지 않았다는 점이다. 이를테면 프랑스의 네오파시스트 바르데슈는 그 내용의 객관성을 존중하면서도 그의 분석이 마르크스주의에 가깝다고 평가했다.

데 펠리체는 무솔리니의 전기를 완성하지 못하고 1996년 5월에 67세의 일기로 세상을 떠났다. 하지만 그가 남긴 업적은 이탈리아 국내에서는 물론이고 유럽에서도 그 유례가 없을 정도이다. 그의 주장에 대해 비판을 일삼아온 엔조 트라베르소 같은 좌파 역사가도 인정했다시피, 기념비적인 그의 연구 덕분에 이탈리아 파시즘에 여러 가지 '수정들'이 가해졌고, 초기 파시즘의 '혁명적' 차원과 근대적 성격, 무솔리니 정권이 향유한 국민적 합의에 관한 사실들이 일반화되기에 이르렀다.

프랑스 역사학자 퓌레의 생애와 연구도 데 펠리체의 그것과 여러 면에서 닮았다. 퓌레는 1927년에 파리의 상층 부르주아 가정에서 태어났다. 대학에 재학 중이던 1949년에 공산당이 나치즘에 저항한 레지스탕스를 대표한다고 생각하여 당에 입당하였고 공산주의에 관심을 가졌다. 하지만 헝가리에 대한 소련의 정책에 불만을 품고서 1956년에 공산당을 탈당했다.

제3세대 아날학파에 속하는 퓌레는 드니 리셰와 함께 1965년에 『프랑스혁명사』를 출간했다. 그는 이 책에서 프랑스 혁명에 대한 마르크스-레닌주의 해석에 반기를 든다. 1978년에 출간한 『프랑스 혁명의 해부』에서도 마찬가지였다. 역사적 유물론 철학에 입각한 마르크스주의 해석이 1789년 이전 프랑스 사회와 경제의 실제 현실과는 거리가 멀다고 그는 주장했다.

퓌레는 마르크스-레닌주의를 사회학적으로 비판한 프랑스의 정치사회학자 레몽 아롱의 영향을 받았으며 파시즘에 대해서는 데 펠리체의 주장을 수용하기도 했다. 파시즘은 민족주의 운동이자 혁명 운동이라는 점과 나치즘과 파시즘을 구별해야 한다는 주장을 받아들인 것이다. 프랑스 혁명의 해석은 물론이고 공산주의와 파시즘의 해석 문제에 골몰하던 퓌레는 세상을 떠나기 2년 전인 1995년에 『환상의 과거』라는 저서를 내놓았다. 이 책은 이듬해에 격월간 학술지 『르 데바』가 마련한 토론의 장에 데 펠리체와 놀테는 물론이고 에릭 홉

스봄과 길리아노 프로카치 등 좌파 역사가들이 참여해 논평을 가하면서 학계의 주목을 끌었다.

이 책에서 퓌레는 프랑스 혁명이 역사에 부정적 결과를 초래했다고 결론을 내렸다. 그것이 20세기에 나타난 비극적인 파국, 곧 공산주의와 파시즘을 낳았다는 것이다. 그야말로 프랑스 혁명에 대한 '혁명적' 재해석이었다.

프랑스 혁명과 더불어 유럽에 부르주아 사회가 등장했는데 이 부르주아 사회는 이중적 의미에서 불안정했다. 한편으로는 자유와 평등이라는 보편적 이념을 내걸고 혁명에 성공한 부르주아들이 실제로는 부자유와 불평등을 존속시키는 자가당착에 빠졌고, 다른 한편으로는 계급 내분에 빠진 부르주아들이 상층 부르주아지와 하층 부르주아지의 절반으로 나뉘어 서로 미워하고 증오했다. 시간이 지나면서 평등을 실현시키려는 열정 속에서 혁명적 좌파가 등장했고 이들이 공산주의를 탄생시켰다. 그런가 하면 하층 부르주아지의 증오 속에서는 혁명적 우파가 탄생했고 그들이 파시즘의 등장을 주도했다. 이런 점에서 퓌레는 더 이상의 비극적인 파국을 막기 위해 프랑스 혁명을 종식시켜야 한다고 강력하게 요구했다. 그것이 일어난 지 2백 년도 더 지난 혁명의 종식을 이제야 주문하는 것이 생뚱맞을지도 모르겠다. 그는 프랑스 혁명이 낳은 혁명적 열정의 역사가 아직도 끝나지 않은 장기지속의 역사라고 파악하고 있었다.

19세기 동안 소강상태에 있던 혁명적 좌·우파 양대 세력의 혁명적 열정을 새로운 국면으로 끌어들인 것은 제1차 세계대전이었다. 대전 중이던 1917년에 러시아에서는 혁명을 통해 볼셰비키가 권력을 장악했고, 다른 곳에서는 국가와 민족을 내세운 혁명적 우파가 볼셰비즘의 확산을 막으면서 무능하고 불안정한 민주주의 체제를 대신할 새로운 질서를 수립하고자 했다. 퓌레에 따르면 볼셰비즘과 파시즘은 이처럼 전쟁이라는 동일한 역사의 자식으로 태어났다. 볼셰비즘과 파시즘은 민주주의 타도를 위해 공모하면서도 볼셰비즘은 반파시즘을, 파시즘은 반공주의를 내세우며 서로 대립하기도 했다. 퓌레는 민주주의 타도의 일차적 책임을 혁명적 좌파에서 찾았다. 볼셰비즘의 승리가 파시즘의 출현보다 앞섰다는 이유에서이다. 게다가 제2차 세계대전이 종결되면서 파시즘은 몰락했다. 따라서 이론과 실천에 있어서 자신들이 제일 적합한 반파시즘 세력이고 민주주의의 수호자라는 대전 이후 공산주의 세력의 자기 합리화는 허구에 불과하다고 퓌레는 강조했다.

　이러한 퓌레의 주장은 찬사와 더불어 격렬한 비판을 받았다. 데 펠리체와 놀테는 그의 주장에 대해 아낌없는 동의와 존경을 표하였다. 그런가 하면 좌파 역사가들은 그것이 냉전적 사고의 잔재라고 비판했다.

　우리가 마지막으로 살펴볼 대표적 수정주의자는 놀테이다. 놀테는 데 펠리체나 퓌레와 달리 좌파에 몸을 담지 않았다.

1923년 1월 독일 루르 지방의 작은 도시 비텐에서 태어난 그는 이념적으로 보수주의자였다. 유년 시절에 그 지방에서 전개된 공산주의 운동과 나치즘 운동을 보면서 두려워서 떨었다고 한다. 그는 독일의 실존철학자 마르틴 하이데거의 영향을 받았다. 특히 하이데거의 저서『존재와 시간』은 그의 문체에도 영향을 미쳐 그의 역사서술이 퓌레나 데 펠리체의 그것처럼 경험적이지 않고 철학적이었다.

놀테는 1950년대 말부터 파시즘 운동에 관심을 갖기 시작했다. 1963년에는『파시즘의 세 얼굴』을 저술했고, 1968년에는『자유주의 체제의 위기와 파시즘 운동』과『파시즘: 무솔리니에서 히틀러까지』를 출간했다.

그는 이러한 초기 저작들에서 파시즘 현상에 관한 일반적 해석, 곧 일반적 파시즘 이론을 전개한다. 파시즘이 '초월성에 대한 저항'의 표현이라는 것이다. 여기서 초월성이란 종교적인 것이 아니라 역사 발전이나 근대성 같은 것이다. 그러니까 역사 발전이나 근대성에 대한 저항의 표현을 파시즘으로 이해한 것이다. 파시즘의 적은 두 부류인데 유럽 역사에 커다란 영향을 미친 자유주의와 마르크스주의가 그것이다. 파시즘은 마르크스주의의 계급 없는 사회만큼이나 부르주아 사회도 문제로 삼는다. 놀테는 파시즘을 이도저도 아닌 '제3의 길'로 정의했다. 그는 또한 파시즘이 본질은 동일하지만 정치, 경제, 사회, 문화의 여러 상황에 따라 그 형태는 나라마다 다를 수 있다고 보았다. 그리고 파시즘은 샤를 모라와 악시옹 프랑세즈의 단계에서부터 이탈리아 파시즘의 단계, 나치즘의 단계로 발전해나간다고 주장했다.

놀테의 이러한 파시즘 해석이 다른 수정주의 역사가들의 동의를 얻지는 못했다. 데 펠리체는 모라와 악시옹 프랑세즈가 초기 단계의 파시즘이라는 주장을 받아들일 수 없다고 했고, 퓌레는 놀테에게 보낸 서신에서 자신의 생각은 그의 생각과 다르다고 밝혔다.

1980년대 중반에 놀테는 일반적 파시즘 이론을 일부 포기하고 파시즘과 공산주의의 외형적 유사성에 주목을 하는 전체주의론을 받아들였다. 당시 독일 사회에서는 헬무트 콜이 이끄는 보수 정당 독일기독교민주연합(CDU)이 선거에서 연이어 승리를 거두면서 민족의 정통성을 내세우는 공공담론이 활기를 띠고 있었다. 그런데 이런 담론을 주장하는 데 한 가지 걸림돌이 있었다. 그것이 바로 나치가 자행한 유대인 대학살, 곧 홀로코스트였다. 놀테가 홀로코스트에 대한 기존 해석에 도전을 제기한 것이 이 무렵이었다. 그는 나치 정책을 스탈린주의와 견주어서 파악해야 제대로 이해할 수 있다고 주장했다.

놀테는 우선 나치즘을 '극단적 형태의 독일 민족주의'이자 '극단적 형태의 반볼세비즘'으로 규정했다. 그와 더불어 히틀러의 유대인 학살을 공산주의자들의 부르주아 계급 절멸 위협에 맞선 일종의 정당방위로 해석했고, 소련의 강제수용소인 굴락이 나치의 아우슈비츠보다 앞섰다면서 나치의 범죄를 상대화시키고자 했다. 이러한 주장에 대해 철학자 위르겐 하버마스와 저명한 역사가들이 반론을 제기하면서 독일 역사학계는 홀로코스트에 대한 해석 문제로 뜨겁게 달아올랐다. 이것이 1989년부터 1993년까지 전개된 이른바 '역사가 논쟁'이다.

이상에서 살펴보았다시피 데 펠리체와 퓌레, 놀테는 정교한 논리와 치밀한 연구를 바탕으로 기존 해석을 과감하게 수정했다. 그들의 주장과 저서들은 프랑스 혁명과 파시즘을 연구하는 자들에게 커다란 지적 도전을 제공해주었다. 그들이 세계적 명성을 얻고 있는 까닭이 여기에 있다.

하지만 이들의 주장에는 정치적 의도가 없지 않다. 파시즘 연구서 『호모 파시스투스』를 저술한 김용우 교수는 그 의도를 두 가지로 정리했다. 자기 나라의 부담스러운 과거를 새롭게 해석하여 그 과거로부터 벗어나려고 하였다는 점이 하나이고, 마르크스주의의 허구성을 파헤쳐서 좌파가 딛고 서 있는 토대를 무너뜨리고자 하였다는 점이 다른 하나이다. 매우 일리가 있는 지적이다.

부정주의

한편 역사적 사실의 존재 자체를 부정한다고 해서 그렇게 부르게 된 부정주의의 핵심 내용은 주로 제2차 세계대전 동안 유대인 강제수용소에 설치된 가스실의 실재를 부정하면서 나치의 홀로코스트가 날조된 거짓말이라는 주장에 있다. 물론 제1차 세계대전 당시 오스만 제국이 자행한 아르메니아인 집단학살 부정과 일본의 전쟁범죄 부정도 이러한 부정주의에 해당한다.

역사 연구에서 특정한 역사적 사실에 대해 새로운 해석을 제시하는 것은 당연한 일이고 자연스러운 일이지만 그 사실의 존재 자체를 부정하기까지 하는 이유는 뭘까? 누가, 어떤 논리로 그런 주장을 펼까? 부정주의의 주요 흐름과 논리를 파악하는 데는 나치의 홀로코스트 부정 사례만한 것이 없을 것이다. 홀로코스트를 부정하는 논리는 프랑스, 독일, 이탈리아, 영국 등 여러 나라에서 제기되었다. 여기서는 대표적 사례로 프랑스 부정주의를 들여다본다.

홀로코스트를 부정하려는 시도는 제2차 세계대전 당시로 거슬러 올라간다. 당시 나치는 유대인 절멸 정책의 흔적을 숨기거나 지우려고 했다. 1942년 6월부터 유대인 추방에 적극 협력해온 비시 정권은 체포되고 구금되어 아우슈비츠로 이송되는 유대인들의 운명에 대해 침묵으로 일관했으며, 그에 동조하는 언론은 유대인들에 대해 공격적 언사들을 늘어놓았을 뿐만 아니라 그들의 격리 조치에 만족스러움을 감추지 못했다. 나치 점령기 프랑스에는 유대인을 대상으로 하는 위협과 비난, 살인 선동, 체포 등 반유대주의가 횡행했다. 당시 프랑스에서 추방된 유대인은 모두 7만6천 명에 달했다.

흥미롭게도 대전이 끝나고 나서 법정에 선 나치 지도자들이나 프랑스의 대독협력자들은 유대인 집단학살을 부정하지 않았다. 그들은 뉘른베르크 재판이나 대독협력자 재판에서 그런 사실을 "모른다"고 말하거나 그런 사실에 대해 책임이 없다고는 말했어도 홀로코스트가 없었다고 주장하지는 않았다. 부정주의의 징후를 처음으로 드러낸 사람들은 그 범죄와 직접적인 관련이 없는 소수의 작가와 지식인, 대학교수들이었다. 이들은 유대인 절멸이 과장이라거나 유대인들이 퍼뜨린 신화이자 거짓말이라고 주장했다. 이런 주장을 처음으로 제기한 사람은 언론인 모리스 바르데쉬였고 그 체계를 완성한 사람은 반유대주의 정치인 폴 라시니에였다.

1907년에 프랑스 중부의 셰르에서 태어난 바르데쉬는 고등사범학교를 졸업하고 1940년에 소르본느대학에서 발자크를 주제로 박사학위를 취득했다. 나치에 협력한 문인 로베르 브라질리악의 매부가 되었으며 전후 네오파시즘을 주도했다. 그가 1948년에 『약속의 땅 뉘른베르크』를 출간하고 나치가 유대인을 대량 학살했다는 이야기는 근거 없는 날조이며 시온주의를 정당화하기 위한 술책에 불과하다는 주장을 폈다. 나아가 이러한 자신의 담론을 수정주의라고 명명했다. 나치는 반유대인 정책을 통해 유대인이 더 이상 국가의 정치와 경제에 개입하지 못하게 하고자 했을 뿐 학살 계획을 세우지는 않았다면서 나치의 대량학살 의도를 부정했다.

라시니에는 여기서 한걸음 더 나아가 나치의 대량학살 시스템을 부정했다. 그는 심지어 유대인들과 이스라엘 국가가 홀로코스트를 날조해낸 '발명가'라는 주장을 펴기까지 했다. 그는 17살에 공산당에 가입하고 공산당 계열의 교원노조와 사회주의 계열의 노동자인터내셔널 프랑스 지부에서 활동한 적이 있는 좌파 정치인이었다. 레지스탕스 조직을 창설하는 데 관여했다는 이유로 체포되어 수용소에 수감된 적도 있었다. 그가 1950년에 출간한 저서『율리시스의 거짓말』은 이러한 그의 경험을 담고 있다. 라시니에는 이 책에서 가스실의 존재와 운영을 입증할 증거가 불확실하다고 강조했다. 그는 반스탈린주의자로서 소련과 공산주의에 강한 반감을 갖고 있었고 전쟁을 혐오하고 있었다. 그의 관심은 나치 독일에 면죄부를 주고 스탈린의 범죄를 부각시키는 데 있었다. 그는 강제추방을 당한 유대인들이 나치 수용소 문제를 날조했는데 그런 거짓 증언들이 국제정치를 위험한 전쟁의 길로 몰아가는 구실로 작용했다고 주장했다. 이는 '승자의 정의'를 비난하던 1940년대 말 극우 세력의 입장과도 유사한 주장이었다. 라시니에는 부정주의에 내포된 두 가지 요소, 곧 네오파시즘과 반스탈린 평화주의를 보여주었다. 하지만 1950년대와 1960년대에는 이러한 부정주의 운동의 반향이 그렇게 크지 않았고 여론의 주목도 별로 받지 못했다.

하지만 1970년대에 들어서는 상황이 달라졌다. 부정주의 이론이 지지자를 확보하고 대중화되기 시작했으며 여러 나라로 확산되어나갔다. 부정주의 관련 논쟁을 언론매체와 지식인 사회로 확장시킨 인물은 리옹2대학의 문학교수 로베르 포리송이었다. 그는 대학교수로서 1978년 12월 29일 일간지 『르몽드』에 「가스실 문제 아우슈비츠의 소문」이라는 글을 기고해서 프랑스 사회에 충격을 안겨주었다. 그는 이 기사에서 가스실의 존재를 부정하고 나치의 인종말살 정책은 허구에 지나지 않는다고 주장했다. 이른바 '최종해결'로서의 유대인 학살은 날조된 거짓에 불과하다는 얘기였다. 그 근거로 전쟁범죄와 관련된 역사학적 연구 성과가 취약하고, 대량학살을 수행할 기술과 시설이 뒷받침되지 않았으며, 공식문서가 부재하고 증언이 불확실하다는 점을 들고 있다.

이어서 1985년에는 포리송과 가까운 극우 성향의 투사이자 신나치 단체인 팔랑쥬 프랑세즈를 창설한 앙리 로크가 홀로코스트의 진실성에 문제를 제기하는 논문으로 박사학위를 수여받았다가 절차상 하자로 이듬해에 취소되는 해프닝이 벌어졌다. 1987년 9월에는 극우정당 국민전선을 설립한 프랑스 정치인 장-마리 르 펜이 가스실을 두고 그것은 제2차 세계대전 역사에서 사소한 일에 불과하고 그 문제에 이의를 제기하는 역사가들이 있다면서 당 차원에서 부정주의를 공론화하려고 시도했다. 1990년에는 리옹3대학의 전임강사 베르나르 노탱이 학술지에 인종주의와 부정주의 관련 논문을 게재하면서 리옹 3대학이 극우세력과 부정주의의 보루로 떠올랐다. 노탱은 결국 대학으로부터 징계를 받았다. 1995년 12월에는 이슬람으로 개종한 전 마르크스주의 이론가이자 제3세계 전문가인 로제 가로디가 홀로코스트를 이스라엘 정치의 수단으로 해석하는 저서 『현대 이스라엘의 건국 신화』를 출간했다가 1998년에 반인륜 범죄를 부정한다는 이유로 처벌을 받기도 했다.

이상에서 간략하게 살펴본 프랑스 부정주의의 흐름에서 우리는 두 가지 특징을 발견할 수 있다. 첫째로, 프랑스에서는 일부 대학들과 대학 교수들이 부정주의 담론에 관여했다. 이는 다른 나라에서는 찾아보기 힘든 프랑스적인 현상이다. 둘째로, 부정주의 담론을 발전시켜나간 세력은 주로 전후에 등장한 네오파시스트를 비롯한 극우세력과 반스탈린주의 성향의 극좌세력이었다.

그렇다면 이런 주장들이 왜 등장하게 되었을까? 프랑스 역사학자 루소는 프랑스와 유럽의 정치적·문화적 맥락에서 이런 현상이 비롯되었다고 주장한다. 첫째로, 극우세력이 약진했다. 1970년에 드골이 사망하면서 프랑스에서 극우세력이 다소 부활하기 시작했다. 1972년에는 이들이 극우 민족주의 정당인 국민전선을 창당했다. 그로부터 몇 년 뒤에는 국민전선 창당 멤버인 프랑수아 뒤프라가 독일의 티스 크리스토퍼슨이 쓴 팸플릿 『아우슈비츠의 거짓말』을 프랑스어로 번역하고

1978년에는 영국의 리처드 하우드가 쓴 저서 『정말 600만이 죽었나?』를 번역하는 등 프랑스 사회에 부정주의 관련 문헌들을 소개했다. 1970년대 대학과 문화계에 등장한 뉴라이트 또한 부정주의의 확산에 영향을 미쳤다. 자유주의에서 네오파시즘에 이르는 다양한 이념의 지식인들로 구성된 뉴라이트는 마르크스주의 헤게모니의 무력화와 반민주주의의 부활을 목표로 내걸었다.

다음으로 이 시기에 비시 정권과 프랑스의 유대인 추방 책임론이 불거져 나왔다. 그 결과 홀로코스트에 관한 역사 연구가 활발해지자 극우세력이 부정주의에 호소를 하고 나섰다. 이런 점에서 한편으로는 극우세력이 부정주의를 만들어냈지만, 다른 한편으로는 그렇게 생겨난 부정주의가 극우세력의 부활을 촉진시키는 구실을 하기도 했다. 다시 말해 과거사 문제에 대한 관심 증대와 극우세력의 성장 사이에는 모종의 인과관계가 존재한다고 볼 수 있다.

마지막으로 반유대주의가 다시 등장했다. 나치의 전쟁범죄를 부정하는 이념적 근거가 되는 반유대주의가 극우세력 사이에 다시 확산되기 시작했다. 반유대주의는 또한 극좌파를 부정주의 운동에 끌어들이는 요소로 작용하기도 했다. 이처럼 반유대주의는 극우세력과 극좌세력의 공통분모로서 양 세력을 이어주는 연결고리 구실을 했다.

수정주의와 부정주의의 경계

부정주의는 제2차 세계대전 동안 자행된 대량학살의 실재를 부정한다는 점에서 일반 역사가들이 제기하는 수정주의 해석과는 분명히 다르다. 부정주의의 담론 구조가 과학적이지 않고 '하나의 사상 체계이자 이데올로기 체계'에 불과하다며 그것을 부정주의라고 불러야 한다는 루소의 지적은 매우 설득력이 있다. 그는 수정주의와 부정주의를 이렇게 구분했다.

> "일련의 해석들에 대해 끊임없이 문제를 제기하는 일반 역사가들의 방식과 이미 구성된 일련의 사건들을 단순하게 전면 부정하는 방식은 반드시 구분해야 합니다. 포리송뿐만 아니라 부정주의의 영향 아래 있는 저자들이 수행하는 방식(또는 방법론)과 특징들은 역사 수정이라고 부르는 것과 아무런 상관이 없다고 생각합니다."

이렇듯 부정주의를 수정주의와 구별하여 다루게 되면 부정주의자들이 수정주의에 편승하는 것을 방지할 수 있다. 양자를 구별하게 되면 부정주의자들의 주장이 학문적 영역이 아닌 정치적 영역의 문제라는 사실과 그것이 정치적 이데올로기를 선전하는 수단에 불과하다는 사실을 잘 드러내주기 때문이다.

하지만 역사서술에서 수정주의와 부정주의를 잘 구별할 수 있을까? 양자를 어떻게 구별할 수 있을까? 양자를 구별하는 것이 사실 쉽지는 않다. 부정주의자들의 주요 전략이 역사적 사실과 허구의 구분을 모호하게 만드는 데 있기 때문이다. 그들은 역사서술에는 '진실'이 하나만 있는 것이 아니라면서 역사적 진실과 거짓의 경계를 흐리게 만든다. 홀로코스트와 같은 역사적 사건들이 일부 사람들에게는 '진실'일 수 있지만 다른 사람들에게는 그렇지 않을 수 있다고 그들은 주장한다. 역사의 객관성에 대한 믿음이 송두리째 흔들리는 포스트모더니즘 시대에 이런 주장은 더욱 그럴듯해 보인다.

그래도 수정주의와 부정주의를 구별할 방법이 아예 없는 것은 아니다. 수정주의자들은 해석은 다르게 할지라도 홀로코스트가 존재했다는 사실은 받아들인다. 홀로코스트의 실재는 다양한 부류의 역사가들이 동의하는 역사적 사실이기 때문이다. 이것은 유대인과 비유대인, 독일인과 영국인, 우파와 좌파 가릴 것 없이 모두가 '합의'한 내용이다. 그런가 하면 이를 부인하는 부정주의자 집단은 대개 동질적인 사람들로 구성된다. 나치이거나 나치에 동조하는 사람들이 그들이다. 이들은 특정한 편견을 중심으로 결집한다. 요컨대 다양한 부류의 역사가들이 합의한 역사적 사실의 수용 여부가 제일 기본적이고 중요한 구별 방법이 된다. 놀테는 역사가들이 합의한 홀로코스트 사건의 실재를 부인하지 않았다. 하지만 그는 홀로코스트에 대해 다른 역사가들과 다른 해석을 내놓았다. 볼셰비즘이 원인 제공을 했다는 것이다. 이런 점에서 놀테의 해석은 마치 유죄 선고를 받은 피고 측 변호인의 변론과 같다고 볼 수 있다. 반면에 포리송은 가스실의 존재를 부인하고 홀로코스트는 날조된 거짓에 불과하다고 주장했다.

그렇다면 부정주의를 어떻게 봐야 할 것인가? 프랑스의 역사학자 피에르 비달-나케가 지적한대로 이 또한 독특한 역사적 현상이다. 따라서 그것을 역사 연구의 대상으로 삼고 그것이 어떤 맥락에서 등장하게 되었고 그 의미가 무엇인지를 탐구해야 할 것이다. 물론 수정주의도 예외는 아니다.

제3장 홀로코스트의 기억

홀로코스트

유럽의 유대인을 한 사람도 남기지 않고 말살하고자 한 홀로코스트는 미증유의 반인륜 범죄이다. 그것은 20세기 최대의 대학살이자 인류 최대의 비극이다.

제2차 세계대전의 와중에 나치 독일이 유대인 600만 명을 학살했다. 이때 사망한 600만 명 가운데 500만 명은 폴란드, 발트 3국(에스토니아, 라트비아, 리투아니아), 소련, 루마니아, 헝가리에 거주하던 유대인이었고, 나머지 100만 명은 독일, 프랑스, 벨기에, 네덜란드, 이탈리아, 유고슬라비아, 그리스 등에 거주하던 유대인이었다. 유럽 유대인들 3명 가운데 2명꼴로 희생되었다. 희생자의 절반은 아우슈비츠수용소로 대표되는 악명 높은 학살수용소에서 학살되었고, 나머지 절반은 유대인 집단 거주 지역인 게토와 수송열차, 노동수용소, 마을, 숲 등

〈그림 3.1〉 아우슈비츠수용소 입구(좌) 아우슈비츠수용소 내부(우)

에서 굶주림과 전염병으로 죽거나 총에 맞아 죽임을 당했다.

도대체 이런 대량학살이 왜 일어났을까? 그리고 그것이 어떻게 가능했을까?

1933년 1월에 아돌프 히틀러가 수상이 되면서 독일에 나치 정권이 들어섰다. 히틀러와 나치 정권은 유대인을 싫어했다. 유대인이 독일의 존재를 위협한다는 생각에서였다. 유대인을 증오하는 반유대주의는 20세기 들어 갑자기 생겨난 것이 아니다. 그것은 중세에 출현했다. 반유대주의는 또한 독일에 국한된 현상도 아니었다. 19세기 말과 20세기 초 프랑스의 반유대주의는 독일의 그것보다 더욱 심각했다. 히틀러와 나치 정권의 반유대주의가 특별한 것은 그들이 반유대주의 세계관을 단순한 이념의 차원을 넘어서 현실 정치의 공간 속으로 끌어들였다는 데 있다. 나치는 유대인들이 모든 사악함의 근원이라고 보는 천년왕국적 세계관을 지니고 있었다. 따라서 순결한 아리아인 공동체와 그들이 지배하는 거대한 생활공간을 이룩하기 위해서는 '유대인 문제'를 해결해야 한다고 생각했다.

나치의 반유대주의는 먼저 유대인 상점을 공격하고 유대인 공직자들을 숙청하는 것으로 시작되었다. 1935년에는 유대인과 독일인의 통혼과 혼외정사를 금지하더니 급기야 유대인들의 정치적, 사회적, 도덕적 권리까지 박탈했다. 나치의 반유대주의는 팽창적인 대외정책을 결심한 1937년 말부터 더욱 과격해지기 시작했다. 유대교 회당을 불태우고 유대인 상점을 파괴했으며 유대인을 살해하기도 했다. 이러한 폭력과 더불어 실시된 나치의 유대인 추방 정책은 유대인들의 국외 이주를 재촉했다.

그런 가운데 1939년에 발발한 제2차 세계대전은 폭력의 보편화를 가능하게 해주었다. 1941년 말까지만 해도 유대인 문제에 대한 나치의 공식 해결책은 추방이었다. 그들은 유대인 강제 거주 지구인 게토를 설립하고 강제노동을 시켰다. 그러다가 1941년 가을부터는 지역에 따라 유대인 인구집단 전체를 학살하는 곳도 생겨났다. '최종해결'로 유명한 1942년 1월의 반제회의는 현지에서 주도한 이러한 학살 정책을 추인하고 유대인 민족 전체를 절멸하기로 결정했다. 홀로코스트가 시작된 것이다.

나치의 유대인 절멸 작전은 네 가지 양상으로 전개되었다. 독가스 시설을 갖춘 학살수용소에서 자행한 살인, 노동수용소에서 벌인 노동을 통한 학살, 게토를 해체하거나 유대인 마을 전체를 파괴하면서 실시한 유대인 사냥, 종전 직전에 동유럽 수용소에 남아 있던 유대인들을 독일 제국 내부로 이송하는 가운데 벌어진 '죽음의 행진'이 그것이다.

최초로 건설된 헤움노 학살수용소에서는 샤워를 하기 위해 옷을 벗고 덤프트럭으로 들어가면 트럭 안에 배기가스를 유입하여 죽이는 방식으로 유대인들을 살해했다. 베우제츠, 소비부르, 트레블링카, 아우슈비츠 등 나머지 수용소 4곳에는 가스실이 설치되었다. 특히 아우슈비츠는 1944년 여름에 하루에 2만4천여 명을 죽일 수 있는 초대형 수용소로 확장되었다. 아우슈비츠는 그곳에서 희생된 유대인 수만 해도 100만 명에 달할 정도로 최대 규모의 학살수용소였다.

1942~1943년부터 건립되기 시작한 노동수용소는 수백 곳에 달했다. 노동수용소는 폭력이 기본 원리이자 일상인 세계였다. 그곳에 도착하여 샤워를 한 뒤에 팔뚝에 수형번호 문신을 새기고 수형복을 입고 강제노동과 추위, 구타와 저급한 음식에 시달리기를 한 달 정도 하고나면 멀쩡한 청년도 산송장으로 변할 정도였다. 그렇게 되면 그를 학살수용소로 보내거나 인근 처형장에서 사살했다.

독가스와 노동을 통한 학살 방식 외에도 게토의 유대인을 총살하거나 마을을 찾아다니며 유대인을 사냥하는 방법을 나치는 여전히 자행했다. 남녀노소를 가리지 않고 구덩이 앞에

무릎을 꿇리고 나서 총으로 뒷머리를 쏘아 구덩이로 떨어뜨리는 살인을 저질렀다.

소련군이 진격해오고 패전이 코앞에 닥치자 나치는 수용소의 유대인들을 서쪽으로 분산시키기 시작했다. 노동력을 챙기려고 그렇게 한 것인지 아니면 유대인을 인질로 써먹으려고 그랬는지 알 수는 없지만 1944년 말까지 수용소에 살아남아 목숨을 연명하던 유대인 절반이 서쪽으로 이동하는 이 '죽음의 행진' 속에서 죽어갔다.

유대인들은 잘 조직된 국제 권력으로서 명확한 목표와 인종적 열망을 지니고 있었다는 나치의 신화와 달리 그들은 비조직적이었고 무력했으며 합의된 정치적 목표도 없었다. 나치 독일은 유대인들을 멸종시키는 데 혈안이 되어 있었고 세계는 유대인들의 운명에 거의 아무런 관심을 보이지 않았다. 그런 가운데 외국인 혐오증, 인종차별주의, 반유대주의가 상상을 초월하는 집단 폭력과 범행으로 이어졌다.

전후의 침묵

이러한 홀로코스트를 기억할 때 모든 사람들이 동일한 의미를 부여할 것 같지만 사실은 그렇지 않다. 전 지구적 환경의 변화와 지역의 특수성에 따라 사람들은 그것에 다양한 의미를 부여했고 그렇게 부여한 의미마저 시간이 흐름에 따라 바뀌었다.

홀로코스트의 기억을 정치적인 주요 의제로 삼은 나라는 이스라엘과 미국이다. 이스라엘과 미국은 홀로코스트에서 살아남은 생존자들 대부분이 이주해간 곳이기도 하다. 독일도 홀로코스트의 기억을 중요 의제로 다룬 나라에 포함되지만 가해자인 독일은 나중에 별도로 다루는 게 좋을 것 같다.

홀로코스트가 자행될 때만 해도 이스라엘이란 나라는 존재하지 않았다. 이스라엘이 건국된 것은 1948년 5월이다. 이때부터 1950년대 말까지 이스라엘은 홀로코스트에 대해 침묵했다. 홀로코스트를 공적 담론의 대상으로 삼지도 않았고 공식적으로 추념하지도 않았다. 학교에서도 홀로코스트를 거의 가르치지 않았다. 그 엄청난 사건을 두고 왜 그랬을까? 왜 침묵으로 일관했을까?

이스라엘의 홀로코스트 기억 문제를 연구한 최호근 교수는 그 이유를 4가지로 정리했다. 우선 팔레스타인 지역 유대인 정착촌 주민들이 홀로코스트의 기억을 부담스러워했다. 절멸의 위기에 처한 유럽 유대인들을 구출하는 데 자신들이 소극적 태도를 보였기 때문이다. 그러니 홀로코스트의 기억을 달가워할 리가 없었다.

이보다 더 중요한 이유는 당시 이스라엘이 처한 국내외 정치상황에 있었다. 한편으로는 홀로코스트가 팔레스타인 땅에 유대인 독립 국가를 수립할 명분을 제공해주는 측면이 있었다. 하지만 다른 한편으로는 그것이 건국에 필요한 유대인들의 집단기억으로는 부적합했다. 아랍인들과 투쟁을 벌이던 건국 초기의 이스라엘 지도자들은 '싸우면서 건설하는' '새로운 유대인'을 추구했다. 그들은 쓰라린 패배의 홀로코스트 기억보다는 일찍이 팔레스타인에 정착한 '전쟁영웅'과 '생산적 선구자'의 기억을 더욱 중요하게 생각했다.

세 번째 이유는 건국 직후의 사회 분위기와 관련이 있다. 유럽에서 이주해온 홀로코스트 생존자들보다 앞서 팔레스타인에 정착해 살고 있던 유대인들이 그들을 구시대의 '디아스포라 유대인'이라고 냉대하는 것은 물론이고 수용소의 근성을 버리지 못한 비사회적 인물이나 파렴치한으로 몰아붙였다. 요컨대 생존자들이 자신이 겪은 고난을 털어놓을 분위기가 아니었던 것이다.

마지막으로 홀로코스트 생존자들의 심리상태이다. 그들은 가족과 친지를 잃은 상실감, 고문과 학살에 대한 두려움, 인간 이하의 대우를 받은 자기모멸감에 시달렸고 타인을 불신했다. 정신적 외상의 고통을 덜고자 그들은 기억을 억압하고 침묵하는 길을 선택했다.

이 시기에 침묵을 깨뜨리고 최소한의 조치를 취한 것은 이스라엘 정부였다. 1951년에 추모일을 제정하고 1953년에는 홀로코스트 연구와 추모 사업을 전담하는 야드바쎔추모관도 설립했다. 하지만 그것이 전부였다. 과거사가 공론화되지나 않을까 부담스러워 하기는 이스라엘 정부도 마찬가지였다.

미국에서도 이 시기에 나치의 유대인 학살을 기억하려고 하지 않았다. 미국은 사실 홀로코스트와 별다른 관련이 없는 나라였다. 대량학살이 자행된 무대도 아니었고 유대인들도 인구의 1퍼센트 정도에 불과했다.

더욱이 미국 유대인들은 소련을 자유세계의 주적으로 삼은 냉전 시기에 홀로코스트의 기억이 서독과의 동맹관계를 악화시키고 여론을 오도할까봐 우려해야 할 처지였다. 미국 사회의 반유대주의 정서도 무시할 수 없었다. 당시 미국 유대인들은 공산주의의 동조자라는 혐의를 받고 있었다. 행여나 자신들에게 불똥이 튀지나 않을까 염려한 유대계 단체들은 유대인 학살을 기억하려는 움직임들을 적극 반대했다.

미국으로 이주한 홀로코스트 생존자들도 침묵했다. 영웅을 떠받드는 당시의 시대 분위기 속에서 그들은 아픈 과거를 들추어내지 않고 현재와 미래의 새로운 삶에 몰두하는 편을 선택했다.

홀로코스트 기억의 신성화와 대중화

이러한 전후의 침묵은 1960년대에 일어난 일련의 사건과 더불어 깨지기 시작했고 홀로코스트의 기억이 활성화를 넘어 신성화되기에 이르렀다. 여기에는 1970년대의 정치사회적 변화와 경제적 번영이 커다란 영향을 미쳤다.

최초의 전환점은 1961~1962년에 거행된 아이히만의 재판이었다. 아르헨티나에서 체포되어 이스라엘로 압송된 유대인

〈그림 3.2〉 아이히만 재판 모습

절멸수용소 이송작업을 총 지휘한 학살의 조직가 아이히만에 대한 재판이 1961년 4월에 시작되었다. 그를 기소한 기드온 하우스너 검사는 생존자들의 증언을 통해 가능한 한 많은 이스라엘 사람들이 '인류와 민족의 엄청난 비극'을 알게 되기를 바랐다. 하우스너가 의도한 대로 이 재판은 아이히만에 대한 단순한 유죄 선고를 넘어 '유대민족의 집단치료' 과정이 되었다. 생존자들의 증언을 접한 이스라엘 사람들이 그들의 고통에 공감을 표시했다. 홀로코스트가 이제 이스라엘인들의 집단 기억으로 자리를 잡기 시작했다.

과거의 홀로코스트를 현재적 의미로 공론화시키는 데 이바지한 사건은 1967년에 발발한 제3차 중동전쟁이었다. 끝까지 살아남는 유대인들이 얼마 되지 않을 것이라는 아랍 진영 지도자들의 발언을 접한 이스라엘 국민들은 또 다른 홀로코스트가 임박했다는 위기의식을 느꼈다. 비록 6일 만에 전쟁이 끝나긴 했지만 이들에게 과거의 홀로코스트 기억은 그 어느 때보다 더욱 생생하게 다가왔을 것이다.

1973년에 발발한 제4차 중동전쟁, 곧 욤 키푸르 전쟁은 홀로코스트 기억을 신성화하기에 이르렀다. 이는 패전의 위기에 몰린 이스라엘 사람들이 절대적 위기감에 사로잡히면서 만들어낸 현상이었다.

그렇다면 이들이 기억한 홀로코스트의 내용은 무엇일까? 당시 홀로코스트 연구는 시온주의 해석이 지배했다. 유대민족의 전통 수호와 민족국가 건설을 내세운 시온주의는 전통적인 종교적 해석과 달리 세속적 해석에 비중을 두었다. 종교적 의미를 강조하는 정통파는 홀로코스트를 세속화된 유대인들에 대한 하느님의 징벌이라고 해석했다. 반면에 시온주의자들은 1943년의 바르샤바 게토 봉기와 같은 저항운동을 전면에 내세우면서 홀로코스트를 종살이하던 이집트에서 탈출한 히브리인들의 이집트 대탈출 사건과 같은 것으로 부각시켰다. 그들은 자신들의 이스라엘 건국이 이러한 홀로코스트의 결과물이라고 주장했다.

1977년에 건국 이후 계속 집권해온 이스라엘 노동당 마파이를 물리치고 정권 창출에 성공한 보수 성향의 리쿠드당이 이러한 시온주의 해석에 더욱 무게를 실어주었다. 리쿠드당은 홀로코스트가 반유대주의에서 비롯되었음을 상기시키면서 주변 국가들의 이스라엘 위협 정책이 바로 반유대주의라고 규정했다. 강경한 대외정책과 소수인종 차별정책을 펼쳐나간 그들은 이 반유대주의에서 그 명분을 찾았다.

이제 나치에 희생된 유대인을 순교자로 대우하고 나치에 저항한 유대인을 영웅으로 추대하기 시작했다. 이스라엘 사람들의 인식이 이렇게 바뀐 데는 앞서 언급한 중동전쟁의 승리가 커다란 영향을 미쳤다. 그와 더불어 경제적 번영과 사회적 변화도 무시하지 못할 정도로 작용했다. 계획한대로 경제가 성장하면서 심리적 부담감이 사라지게 되었고 홀로코스트를 경험한 세대의 아들세대가 공적 영역의 주체로 활동하게 되면서 홀로코스트를 좀더 객관적으로 바라볼 수 있게 되었다.

이 시기에 홀로코스트가 이스라엘 사람들 사이에 널리 알려지게 되었는데 그것을 대중화하는 데는 대중매체의 역할이 컸다. 특히 텔레비전의 위력은 대단했다. 1978년 9월에 미국 NBC방송이 제작한 미니시리즈 드라마 <홀로코스트>를 방영했다. 그해 봄에 미국에서 방영되어 홀로코스트 증후군을 불러일으킨 이 드라마는 이스라엘 사람들에게도 충격을 안겨주었다. '수정의 밤'에서부터 대학살을 거쳐 팔레스타인 정착에 이르는 역사적 과정을 그린 이 드라마는 홀로코스트를 마치 현재의 사건처럼 느끼게 해주었다.

이처럼 홀로코스트에 대한 대중의 관심이 높아지자 그것을 교육과정에도 반영했다. 1979년에 홀로코스트의 역사를 고등학교 필수과목으로 지정했고 1983년부터는 고등학교 졸업시험에 포함시키기까지 했다. 홀로코스트는 이제 이스라엘 사람들의 정체성을 형성하는 근간이 되었다.

한편 미국에서 전후의 침묵을 깨뜨리고 홀로코스트의 기억을 공론화하게 만든 사건은 이스라엘에서 진행된 아이히만의 재판과 독일계 유대인 철학자이자 정치사상가인 한나 아렌트의 주장을 둘러싼 논쟁이었다. 아렌트는 아이히만의 재판 과정을 직접 취재한 기사들을 묶어서 펴낸 단행본 『예루살렘의 아이히만』에서 아이히만을 광신적 반유대주의자가 아니라 상부의 명령을 충실히 수행한 '보통 사람'으로 묘사했다. 그러면서 유대인 학살이 지극히 평범한 사람들에 의해 자행되었다는 '악의 평범성' 개념을 주장했다. 그런가 하면 유대인들이 아무런 저항도 하지 않았고 유대인 지도자들이 나치의 절멸계획에 협력했다고 질타하기도 했다. 이런 주장들로 인해 그녀는 얄궂게도 미국 유대인들의 공적 1호가 되었다.

이런 과정을 거쳐 수면 위로 떠오른 홀로코스트의 기억을 공론의 장으로 끌어들인 결정적인 계기는 1967년과 1973년에 벌어진 두 차례의 중동전쟁이었다. 그동안 수세적 입장을 보여 온 미국 유대인들이 1967년 '6일 전쟁'의 승리를 계기로 공세적 태도로 돌아섰다. 그들은 하느님께서 홀로코스트에서 감추신 당신의 낯을 이스라엘의 승전으로 다시 드러내셨다면서 홀로코스트를 '구속의 신화'로 승화시키기 시작했다. 1973

년의 욤 키푸르 전쟁 이후에는 유대인들이 유대인의 자의식을 스스럼없이 드러내는 데서 한걸음 더 나아가 새로운 반유대주의의 등장을 경고하고 나섰다.

〈그림 3.3〉 워싱턴 소재 홀로코스트박물관

1970년대 후반부터는 홀로코스트가 미국 유대인들의 기억을 넘어 미국인들의 그것으로 확산되기 시작했다. 여기에는 1978년에 방영된 드라마 <홀로코스트>와 1993년에 개봉된 영화 <쉰들러 리스트>, 1993년에 건립된 홀로코스트기념관이 큰 기여를 했다.

당시에 전체 9시간 반 정도 분량의 4부작 드라마 <홀로코스트>를 시청한 사람이 1억 명에 달했다. 이 드라마는 미국을 넘어 유럽, 특히 독일에도 큰 영향을 미쳤다. 드라마가 흥행하면서 사람들의 과거에 대한 인식에 큰 변화가 나타났고 '기억 산업'이 등장하기 시작했다. 이제 학문적 연구와 교육에서는 물론이고 박물관과 문화산업에서도 홀로코스트가 중요한 주제로 부상했다. 문학을 통해 유대인 학살의 참상을 고발한 미국의 유대계 작가 엘리 위젤은 다른 인종 학살과 비교할 수 없는 유일무이하고도 보편적인 성격을 지니고 있다며 홀로코스트를 신성화하기까지 했다. 그런가 하면 나치에 희생당한 유대인들의 이야기를 그린 스티븐 스필버그 감독의 영화 <쉰들러 리스트>는 전례 없는 성공을 거두어 미국 사회에서는 물론이고 다른 나라에서도 '쉰들러 리스트 효과'가 생겨날 정도였다. 홀로코스트 교육 운동이 일어나고 홀로코스트를 기억하기 위한 기관, 곧 기념관과 박물관이 건립되기 시작했다. 1993년에는 워싱턴에 홀로코스트기념관을 건립하고 홀로코스트의 기억을 '미국화'하고 '세계화'해 나갔다. 홀로코스트는 이제 유대인의 정체성 차원을 넘어서 서구 사회의 역사적 정체성을 구성하는 요소로 부상했다.

수정주의 해석

이스라엘에서 이러한 공식 역사해석에 대한 체계적인 비판이 등장한 것은 1980년대 후반이었다. 당시 일부 역사가들, 곧 시마 플라판, 베니 모리스, 아비 슐라임, 톰 세게브, 일란 파페가 시온주의 역사해석을 비판하는 책을 연이어 출간했다. 곧 '새로운 역사가' 또는 '수정주의자'로 불리게 되는 이들은 이제까지 서술된 내용들이 이스라엘 건국 신화를 긍정적으로 소개하려는 시온주의적 선전에 불과하다며 자신들이 처음으로 진정한 이스라엘의 역사를 썼다고 주장했다. 이들의 주장은 곧 논란의 대상이 되었고, 여기에 사회학자와 인류학자, 정치학자, 중동학자들이 가세하면서 논쟁은 역사의 경계를 넘어서게 되었다.

이 무렵에 수정주의 해석이 등장하게 된 데는 몇 가지 요인이 작용한 것으로 보인다. 우선 생각해볼 수 있는 것은 정치적 상황의 변화이다. 1982년에 리쿠드당이 주도하는 이스라엘이 레바논을 침공했고 그에 뒤이어 반이스라엘 저항운동인 인티파다가 팔레스타인에 등장했다. 이런 상황 속에서 이스라엘 정부의 군사적 침략과 점령이 과연 정당한 것인지에 대한 문제 제기와 더불어 대안을 모색하려는 정치적 분위기가 조성되었다. 이와 더불어 대외적으로는 냉전이 종식되고 있었다. 냉전의 종식이 이스라엘에게는 평화협상의 시작을 의미했다. 다음으로 새로운 세대의 등장을 꼽을 수 있다. 소수가 이미 1970년대에 활발한 연구 활동을 펼치기 시작했고 일부가 1990년대 초에 활약하게 되기는 하지만 수정주의자들의 대다수가 1980년대에 학자로서 두각을 나타냈다. 이들 가운데 대다수가 이스라엘이 건국된 1948년 이후에 출생했다. 게다가 1970년대 말부터 문서고 자료들이 기밀 해제되었다. 30년 연한이 풀린 기밀문서들이 공개된 것이다. 그에 따라 소장학자들이 관련 자료를 연구할 수 있게 되었고, 그 성과물이 1980년대 중반에 학술지에 게재되기 시작한 것이다.

수정주의자들은 이스라엘의 국가 건설 과정을 비교가 가능한 보편적인 측면에서 평가했다. 다시 말해서 한편으로는 영국 위임통치(1917~1948년) 하의 식민지 유산을 인정하고, 다른 한편으로는 팔레스타인 주민들 상당수를 추방한 정치군사적 이해관계를 강조하려고 했다.

그러면서 그들은 홀로코스트 문제를 피하지 않았다. 이스라엘 역사학자 세게브는 이스라엘 사람들의 삶에서 홀로코스트의 기억이 갈수록 중요해진 이유를 이스라엘 정부가 그것을 정치적으로 이용한 데서 찾았다. 이스라엘 정부가 아이히만 재판을 대규모로 연출했는데 당시 사회를 통합시킬 무언가가 필요했기 때문에 그랬다는 것이다. 그런가 하면 '6일 전쟁' 직전에는 이집트의 나세르 대통령이 히틀러와 마찬가지로 제2의 홀로코스트를 자행할지 모른다면서 전쟁의 필요성을 강조하고, 전쟁 후에는 홀로코스트의 기억을 들먹이며 팽창주의 정책을 정당화했다고 지적했다. 세게브는 특히 홀로코스트의 재발을 막기 위해 유대인들의 독립국가 건설이 필요하다는 시온주의의 '건국신화'를 해체하고자 했다. 걸핏하면 홀로코스트를 들먹이며 이스라엘이 저지른 잔혹행위를 정당화하려는 것도 그가 보기에는 심각한 문제였다.

텔아비브대학 철학교수인 예후다 엘카나도 홀로코스트 기억의 과잉과 도구화 문제를 비판했다. 그는 과거의 희생을 과도하게 기억하고 그것에 집착하게 되면 이스라엘의 미래가 위협을 받는다면서 홀로코스트를 유대민족의 특수한 시각이 아니라 보편적 시각에서 바라보아야 한다고 주장했다. 그렇게 할 때 비로소 끊임없는 불안감과 피해의식, 세상을 적과 동지로 나누는 흑백논리에서 벗어날 수 있다고 주장했다. 그리고 나치 독일이 제2차 세계대전 당시 자행한 대학살은 어떤 민족이라도 저지를 수 있는 일이고 이스라엘도 예외는 아니라고 강조했다. 이는 그가 팔레스타인 민간인들을 대상으로 자행한 이스라엘의 잔혹행위를 염두에 두고 말한 것임에 틀림없다. 엘카나는 또한 다른 수정주의자들과 마찬가지로 유대인들의 국가 건설을 홀로코스트의 필연적인 귀결이라고 파악하는 것은 홀로코스트를 국가 건설의 도구로 삼는 것에 불과하다고 비판했다.

요컨대 홀로코스트를 역사상 유례를 찾아볼 수 없는 유대인만의 비극으로 파악한 시온주의자들과 달리 수정주의자들은 그것을 보편적 관점에서 바라보아야 한다고 주장했다. 종전에도 이런 주장이 없지는 않았지만 별다른 파장을 미치지 못했다. 그에 비해 이번에는 학자들이 들고일어났고 그 폭발력 또한 상당했다. 수정주의 해석이 기존의 시온주의 해석에 대한 경쟁기억으로 등장했다. 수정주의자들의 거센 도전에 직면한 시온주의자들은 홀로코스트의 기억을 새롭게 정립해야 할 처지에 놓였다.

미국에서는 1990년대에 들어와서야 기존의 홀로코스트의 기억에 대한 비판이 제기되었다. 유대계 역사가 아르노 메이어는 홀로코스트에 대한 유대인들의 기억이 편협하고 배타적인 특정 집단의 기억이라고 비판했다. 유대인들은 비극의 희생자로서 유대인만 기억하고 나치의 인종정책에 희생당한 다른 희생자 집단은 잊어버렸다. 그들은 자신들의 비극적인 운명을 절대화하고 다른 사람들의 그것에 대해서는 무관심했다. 메이어는 또한 홀로코스트에 대한 유대인들의 기억이 종교적 차원에서 신성화되었다고 비판했다. 홀로코스트를 역사상 유례가 없는 끔찍한 악몽으로 기억하려는 유대인들의 비합리적 태도를 그는 꼬집었다.

이러한 메이어의 비판은 미국 역사가 피터 노빅과 노먼 핀켈슈타인에 이르러 더욱 확대되었다. 이들은 2차 세계대전의 하위주제에 불과하던 홀로코스트가 20세기 역사의 아이콘으로 부상하게 된 이유를 따지면서 홀로코스트에 대한 집단기억을 비판했다.

노빅의 비판은 크게 두 가지로 요약해볼 수 있다. 첫째로, 미국에서 홀로코스트 기억의 변화는 미국 유대인들이 정치적으로 선택한 결과로서 만들어진 것이다. 그들은 그것이 인류 역사상 그 유례를 찾아볼 수 없는 유일무이한 비극이라면서 홀로코스트를 절대화하고 신성시했다. 일종의 '시민종교'로 숭배되기 시작한 홀로코스트의 기억은 역사적 맥락을 벗어나게 되었고 합리적 인식과 비판적 사고도 허용하지 않았다. 요컨대 홀로코스트의 신성화는 '잘못된 기억의 정치'였다. 둘째로, 홀로코스트를 오직 유대인의 비극으로 강조하면서 아메리카 원주민 대학살과 흑인의 노예화는 외면했다.

핀켈슈타인은 노빅과 좀 다른 관점에서 홀로코스트 기억의 정치적 이용을 비판했다. 홀로코스트의 기억은 미국의 유대인 엘리트 집단이 자신들의 권력과 이해관계를 확보하기 위해 만들어낸 일종의 이데올로기라는 것이다. 미국 내 유대인 단체들을 장악한 유대인 엘리트들이 자신들의 정치권력과 경제적 이익을 위해 홀로코스트의 기억을 이용하거나 악용했다고 그는 파악했다. 그의 이러한 문제제기는, 안병직 교수가 지적한대로, 홀로코스트의 기억이 미국적 현상일 뿐만 아니라 유럽적 현상이기도 하다는 점을 간과한 것이고, 미국에서 홀로코스트 산업이 번창하는 이유가 단순히 유대인 엘리트들의 선전과 조작 때문만이 아니라 미국 사회가 그 기억에서 가치와 의미를 발견하기 때문이라는 사실을 도외시한 것이기는 하지만, 주목할 만한 가치가 있다.

이상에서 살펴보았다시피 수정주의자들은 기존의 공식 해석을 비판하는 정도와 목표에서 다소 차이를 나타냈다. 하지만 그들이 공통적으로 이바지한 점이 한 가지 있다. 그것은 홀로코스트의 기억을 숭배의 대상에서 역사적 분석의 대상으로 끌어내렸다는 점이다.

이처럼 홀로코스트의 기억은 일정하지 않았다. 침묵과 억압의 대상이었던 홀로코스트의 기억이 1960년대에 들어 활성화되기 시작했다. 그 이후 대중화되고 신성화되기에 이른 그 기억이 1990년대에 들어서 다시 비판의 도마 위에 올랐다. 역사적 맥락의 변화에 따라 기억도 변천하게 된다.

제4장 나치 독재의 기억

어느 나라에게나 들추어내고 싶지 않은 과거가 있기 마련이다. 독일에게는 나치 독재가 바로 그런 과거일 것이다. 1933년에서 1945년까지 12년 동안 독일을 지배한 히틀러와 나치는 제2차 세계대전을 일으켰고 홀로코스트를 자행했다. 이런 나치 독재를 독일인들은 어떻게 기억했을까?

그들의 기억은 일정하지 않았다. 나치 독재의 기억은 무관심과 침묵, 극복의 대상으로 변천해왔다. 여기에는 환경의 변화와 세대교체, 분단과 통일 등 여러 가지 요소들이 작용했다.

무관심

1945년 제2차 세계대전에서 패망한 독일은 점령국들의 분할통치를 받았다. 서독 지역은 연합국이 통치했고, 동독 지역은 소련이 지배했다. 그러다가 1949년에 서독에는 '독일연방공화국'이 들어서고, 동독에는 '독일민주공화국'이 수립되었다.

1945년에서 1948년에 이르는 승전국들의 통치 시기에는 나치 시대의 잔재를 일소하는 탈나치화 작업이 시도되었다. 탈나치화는 대전에 참전한 연합국의 전쟁 목적이었으며 전후처리 문제를 다룬 얄타회담의 공동선언문에 명시된 내용이었다. 그에 따라 점령당국은 가해자들을 법정에 세우고 그들의 죄상을 법에 따라 재판하고 처벌해나갔다. 그 중심 무대가 바로 1945년 11월부터 1946년 10월까지 열린 뉘른베르크 재판이었다.

탈나치화 작업은 점령지역별로 진행되었다. 미국 점령지역에서는 5천 명가량이 파시즘 전쟁 범죄와 반인륜 범죄로 유죄 판결을 받았고, 소련 점령지역에서는 그보다 훨씬 더 많은 1만3천 명 정도가 같은 판결을 받았다. 나치 주동자와 그에 준하는 등급으로 분류된 수십만 명이 권력과 관직에서 추방되었다. 미국 점령지역에서는 인적 청산에 초점을 두었고 소련 점령지역에서는 사회경제적, 제도적 청산에 역점을 두었다. 양지역의 탈나치화 조치가 공식적으로 종결된 것은 1948년이었다. 전반적으로 볼 때 동독 지역의 탈나치화 작업이 서독 지역의 그것에 비해 좀더 철저하게 진행되었다. 이러한 작업은 나치 정권 하에서 자행된 범죄를 확인하고 널리 알리는 효과를 거두었다. 하지만 나치 범죄에 책임이 있는 독일인들을 모두 발본색원하여 처벌하기란 애초부터 불가능한 일이었다.

이 시기 독일의 지식인들은 나치 독재기를 '파국'의 시기로

〈그림 4.1〉 아돌프 히틀러

규정했다. 그렇다고 해서 그들이 책임 의식을 갖고 과거사를 반성한 것은 아니다. 파국의 원인은 그 누구도 알 수 없는 '형이상학적 비밀'이라며 체념했을 뿐이다. 점령당국이 추진하는 나치 과거 청산 작업에 독일인들 대다수는 사실 별다른 관심을 보이지 않았다. 나치 주동자들을 제거하고 처벌하는 일에 찬성하기는 했지만 발 벗고 나서지는 않았다. 나치 범죄에 연루된 사실을 받아들이고 죄책감을 느끼며 반성하는 독일인은 소수에 불과했다. 게다가 탈나치화를 승전국의 음모로 해석하는 사람들조차 생겨났다.

침묵

1949년에는 서독과 동독에 각각 민주적 형태의 정부가 들어섰다. 양국 관계는 1947년에 그 막이 오른 냉전으로 더욱 긴장되기 시작했다. 이런 시대적 상황이 나치 독재를 이해하는 데 커다란 영향을 미쳤다.

마르크스-레닌주의의 반파시즘 이론을 공식 교리로 삼는 동독에서는 자본가와 군부 엘리트가 독일 파시즘을 주도했기 때문에 나치 독재에 대한 책임은 그들이 져야 하고 그들에게 속거나 그들의 억압을 받은 대다수의 대중들은 책임을 질 것이 없다는 생각이 지배적이었다. 자신들이 파시즘으로부터 고통을 받았고 그것을 물리치고자 노력했다고 생각하는 동독 정부와 지도자들은 나치 독재에 매우 비판적인 태도를 보였다. 이것이 1990년에 체제가 붕괴될 때까지 지속될 나치 과거에 대한 동독의 기본 입장이었다.

그런가 하면 서독은 1950년대에 나치즘의 부활에 대해서는 강력히 대처하면서도 나치 범죄에 대해서는 침묵을 지키는 모순적인 태도를 보였다. 아데나워 정부는 신나치 성향이라는 이유로 우익정당의 활동을 금지했고, 벤구리온이 이끄는 이스라엘 정부와 조약을 체결했으며, 나치 시절에 재산몰수를 비롯한 각종 피해를 입은 적이 있는 유대인들에게 보상금을 지불하기 시작했다. 이는 신생 국가인 서독을 미국 주도의 서방 사회에 편입시키고 국제사회의 인정을 받으려는 조치였다.

독일 역사학자 위르겐 코카가 제시한 여론조사 결과에 따르면, 독일인들 대다수는 1950년대까지도 나치즘의 이념은 좋은데 그것의 시행에 문제가 있었다고 생각하고 있었다. 전후 독일 역사가들은 나치 체제가 독일의 민족사적 흐름 속에서 발생한 사고에 불과하다고 해석하면서 체제에 대한 비판적 평가를 꺼려했다. 그들은 히틀러 개인을 악의 상징으로 보거나 나치 체제를 외부에서 이식된 테러 체제로 파악하는 정도에 그쳤다. 이런 분위기 속에서 서독은 나치 독재가 저지른 범죄에 대한 책임에 침묵하는 전략을 택했다. 그러면서 유죄판결 받은 사람들을 사면하고 나치 독재에 부역한 혐의로 공직에서 추방된 관리들을 복직시키기도 했다. 코카의 지적에 따르면 서독 당국은 나치 독재를 비판적으로 바라보기보다 공산주의와 소련의 위협에 대비하는 일을 더 중요시했다.

1950년대에 서독이 안정적인 민주 체제를 구축하고 서방세계의 일원으로 편입되면서 나치 독재에 대한 독일인들의 기억은 소속 국가에 따라 크게 달라지기 시작했다. 나치 체제를 비판하고 나선 동독인들과 달리 서독 사람들은 침묵의 길을 선택했다. 서독이 이렇게 침묵의 전략을 선택한 데는 연합국 주도의 탈나치화 작업과 냉전이 커다란 영향을 미쳤다. 자신들을 세계대전의 희생자로 생각하고 있던 독일인들은 과거 청산이 외부 세력에 의해 진행되는 것을 보며 피해의식에 빠져들었고, 서독으로 귀환해오는 전쟁포로와 동유럽에서 추방된 독일인들의 모습을 보며 그런 심경을 더욱 확실하게 굳힐 수 있었다. 게다가 독일인들은 과거를 성찰할 필요를 별로 느끼지 못했다. 체제 우위 경쟁에서 이겨야 한다는 냉전 시대의 논리 덕분에 과거사 문제를 비중 있게 다룰 필요가 없었던 것이다. 오히려 불행한 과거를 딛고서 경제번영과 민주주의를 이룩하기 위해서는 과거에 대해 침묵할 필요가 있다고 그들은 생각했다.

비판적 재평가

나치 독재에 대한 기억의 세 번째 국면은 1950년대 말에 시작되어 20여 년간 지속되었다. 이 시기에 동독에서는 이렇다 할 변화가 없었기 때문에 이 단계는 기본적으로 서독에 국한되어 진행되었다. 이 단계에서는 홀로코스트가 공론화되었으며, 그에 따라 나치 과거에 대한 비판적 재평가 작업이 진행되었다.

여기에는 몇 가지 요소들이 영향을 미친 것으로 보인다. 첫째로, 1961년에 예루살렘에서 열린 아이히만 재판이다. 피고가 이른바 거대한 살인기구인 제국보안국의 핵심 인물이었기 때문에 그 파장이 매우 컸다. 둘째로, 1963년에 프랑크푸르트에서 열린 아우슈비츠 수용소 관계자들에 대한 재판이다. 그 자체가 다른 절멸수용소를 재판하는 시금석이 되기도 한 이 재판은 피고들이 주로 평범한 독일인들이었다는 점에서 독일 사회에 커다란 충격을 안겨주었다. 셋째로, 나치 독재기를 비판적으로 검토하는 데 도움을 주는 소설과 비판서가 등장했다. 대표적으로 하인리히 뵐의 『아담아, 너는 어디에 있었느냐』, 귄터 그라스의 『양철북』, 미철리히 부부의 『애도하지 않는 독일인』을 들 수 있다.

이 무렵 독일 역사학계에서는 제1차 세계대전의 책임을 둘러싸고 피셔 논쟁이 벌어졌다. 역사학자 프리츠 피셔의 이름을 따서 붙인 이 논쟁은 그가 1961년에 『세계패권의 추구』라는 저서를 출간하면서 시작되었다. 그는 독일이 1차 세계대전 이전에 이미 세계패권을 확보하려는 팽창주의적 목표를 지니고 있었다고 주장했다. 1차 대전이 자기 방어를 위한 전쟁이었다고 보고 있던 전후 서독 역사학계를 비롯한 독일 사회 전체는 이 주장에 거센 반발을 나타냈다. 특히 제2차 세계대전까지도 팽창주의의 산물로 파악하는 피셔의 주장은 그의 말마따나 "독일인의 자아인식의 뇌관을 건드렸다." 양차 대전은 독일이 세계패권을 추구하는 가운데 일으킨 전쟁이라는 피셔 테제는 학자들 사이에는 물론이고 사회적으로도 엄청난 파장을 일으켰다. 과거사를 비판적으로 고찰할 필요성이 대두되기 시작한 것은 바로 이런 맥락에서였다.

그런가 하면 세대교체 또한 독일인들의 의식 변화에 중요한 영향을 미쳤다. 이른바 68세대의 대부분은 나치 독재 시기나 그 직후에 태어났다. 나치 과거에 대한 부채의식이 없던 이 세대는 홀로코스트를 아버지 세대의 범죄로 단정하고 그 문제를 기성세대의 권위를 해체하는 유용한 수단으로 활용했다. 그러면서 그동안 억압되었거나 불충분하게 다뤄져온 나치 과거를 논쟁의 장으로 끌어들이는 데 상당한 이바지를 했다. 이 무렵에 나치 과거사에 대한 토론과 비판이 종전보다 더욱 활성화된 이유가 여기에 있다.

1965년에는 20년으로 제한된 주요 나치 범죄에 대한 공소시효 만료시한을 두고 의회 내에서 치열한 논쟁이 벌어졌고 이 논쟁은 1970년대까지 몇 차례 더 진행되었다. 의회 내에서 제기된 공소시효 논쟁은 나치의 죄악과 독일인의 책임에 대한 주의를 환기시키는 데 기여했다.

두 차례에 걸친 중동전쟁, 곧 1967년의 3차 중동전쟁과 1973년의 4차 중동전쟁 또한 독일 사회에 커다란 반향을 불러일으켰다. 특히 이 전쟁을 지켜보며 유대인의 자의식을 느끼게 된 서독 거주 유대인들이 홀로코스트를 공론화하는 데 자신감을 갖게 되었다.

이런 여러 가지 요소들을 겪으면서 서독 사람들은 나치 과거를 새롭게 대면하기 시작했다. 자신들을 이해하는 중심 요소로 나치 독재를 바라보기 시작했다. 그것을 억누르거나 피하지 않고 비판적으로 재평가하는 작업에 착수한 것이다.

이러한 변화가 1970년 전후에 출간된 역사교과서에 반영되어 나타났다. 나치 시대 외교문제나 대전의 전황을 주로 다룬 종전의 교과서들과 달리 홀로코스트와 전쟁 범죄 문제를 다루었고 나치 지배체제와 전쟁에 대한 국민들의 태도를 구체적으로 언급했다. 홀로코스트의 과정을 보여주는 기록과 관련 사진자료를 실은 점도 특기할 만하다. 하지만 홀로코스트와 전쟁범죄의 책임을 모두 히틀러에게 돌린 점은 종전의 교과서와 마찬가지였다. 그 책임자는 오로지 히틀러와 나치 지도부였고 독일 국민은 여전히 희생자로 서술되었다.

기억의 역사화

1970년대 중반에는 독일 사회에 뿌리를 찾고자 하는 움직임이 일어났고 그에 따라 '기억'이 중심 개념으로 떠올랐다. 그러면서 정체성의 토대로서 역사를 중시하는 경향도 생겨났다. 지방사와 왕조, 프로이센을 주제로 열린 대규모 전시회들에 대중들이 상당한 관심을 보였는데 그 까닭을 바로 이런 경향에서 찾을 수 있을 것이다.

나치 과거를 바라보는 시각에 변화가 나타난 것이 바로 이 무렵이다. 그것을 종전보다 더욱 수치스러워하며 홀로코스트를 나치 과거를 기억하는 중심 주제로 받아들이게 되었다.

이러한 변화를 가져온 것은 무엇보다도 미국 NBC 방송사가 제작한 드라마 <홀로코스트>의 방영이었다. <홀로코스트>는 유대인 학살 관련 주요 사건들을 다룬 드라마였다. 이 드라마가 서독에서는 1979년 1월에 방영되었다. 시청자 수가 당시 서독 성인 인구의 절반에 달할 정도로 그 반응은 폭발적이었고, 드라마를 시청한 독일인들은 '당혹감'을 감추지 못했

다. 독일의 시사주간지 『슈피겔』은 당시 상황을 이렇게 보도
했다.

> "도덕적 이유보다는 상업적 이유로, 계몽보다는 오락
> 을 목적으로 제작된 통속적 스타일의 미국 텔레비전 드
> 라마가 수백 권의 책과 연극, 영화, 텔레비전 프로그램,
> 수천 편의 기록물, 강제수용소 재판들이 전후 30년간 이
> 루지 못한 일을 해냈다. 이 드라마는 독일인들에게 자신
> 들의 이름으로 유대인에게 저지른 범죄가 어떠했는지를
> 보여주어 시청자 수백만 명을 충격과 감동에 사로잡히게
> 만들었다."

<홀로코스트>가 방영된 이후 '홀로코스트'라는 단어가 독
일 사회에 일상용어와 학술용어로 정착되었다. 홀로코스트의
기억이 더욱 구체화되고 나치 수용소 유적을 발굴하는 '자발
적 고고학 운동'이 일어나기도 했다. 각종 전시회는 물론이고
기념일도 중요한 역할을 했다. 이를테면 1983년에는 나치의
정권 장악 50주년을 맞이하여 역사학자와 일반대중이 베를린
의 제국의회 건물에 모여 과거사와 관련한 논쟁을 벌였고,
1985년에는 2차 대전 종전 40주년을 기념하는 자리에서 서독
의 리하르트 폰 바이체커 대통령이 나치 과거와 어떤 관계를
맺어야 하고 나치 범죄와 그에 대한 책임을 어떻게 해야 하는

지에 대해 언급했다. 그는 독일인들이 이 날을 기억하되 애도하면서 기억하고 독일인의 죄를 인정하되 품위를 갖고 인정해야 한다고 강조했다.

이듬해인 1986년에는 이른바 '역사가논쟁'이 벌어졌다. 독일인들의 집단정체성 문제와 관련된 이 논쟁은 1986년 6월 6일에 베를린자유대학의 역사학 교수인 놀테가 일간지인 ≪프랑크푸르터 알게마이네 차이퉁≫에 「사라지지 않을 과거」라는 글을 발표하고 같은 해 9월 11일에 철학자 하버마스가 주간지 ≪디 차이트≫에 그에 대한 반론을 제기하면서 시작되었다.

놀테는 히틀러의 홀로코스트가 1917년 러시아 혁명과 볼셰비키의 위협에 대응하는 과정에서 비롯된 것이고 그것이 역사에서 유례를 찾아볼 수 없는 유일한 사건이 아니라 스탈린의 대숙청이나 캄보디아의 킬링필드처럼 어느 곳에서나 일어날 수 있는 것이라고 강조했다.

사실 놀테는 이러한 테제를 1974년에 출간한 자신의 저서 『독일과 냉전』에서 이미 밝혔었다. 그런데 그 당시에는 문제의 대상이 되지 않은 이 테제가 왜 10년이나 지난 1980년대 중반에 들어와서 논란거리가 되었을까?

여기에는 아마도 정치적 상황의 변화가 크게 작용했을 것이다. 1982년 총선에서 13년간 집권해온 사회민주당(SPD)이 패배하고 중도우파의 기독교민주연합(CDU)이 승리했다. 총리

<그림 4.2> 베르겐-벨젠 수용소 방문

에 오른 기독교민주연합의 헬무트 콜은 1979년에 영국의 총리가 된 마거릿 대처의 신자유주의 노선을 따랐다. 그 자신이 역사학 박사였던 콜은 68운동 이후 독일 사회를 지배한 좌파 담론에서 벗어나 국민들에게 긍정적 역사인식을 심어주는 역사정책을 펴나갔다. 그는 1985년에 연합국 승전 기념식에 참석했으며, 서독을 방문한 미국 대통령 로널드 레이건과 함께 하노버 근교의 베르겐-벨젠 수용소를 방문하고 비트부르크에 있는 나치 친위대 대원 묘지를 참배하기도 했다. 이듬해에는 야당의 반대를 무릅쓰고 베를린에 독일역사박물관을 세우고 본에는 독일연방공화국 역사의 집을 건립하기로 결정했다. 이는 그가 총리에 취임한 직후에 행한 연방의회 시정연설에서 앞으로 이루어내겠다고 다짐한 내용이었다.[2] 그는 역사의 집과 역사박물관 건립 계획을 적극 지

---

[2] 당시에 그는 "우리 공화국, 곧 독일연방공화국은 파국의 그늘에서 탄생했습니다. 하지만 이제 연방공화국은 자기 자신의 역사를 지니게 되었습니다. 우리는 가능한 한 빠른 시일 내에 우리 국가와 분단민족을 다룰 1945년 이후 독일사의 자료 수집처를 연방수도인 본에 건립하도록 노력할 것입니다"라고 약속했다.

원했다. 독일연방공화국 역사의 집을 연구한 이동기 교수의 지적에 따르면, 콜이 이렇게 두 역사박물관 건립을 추진한 의도는 한편으로는 나치즘 이전으로 이어지는 독일인의 역사적 연속성을 강조하고, 다른 한편으로는 나치즘 이후에 전개되는 서독의 '성공' 이미지를 만들어내는 데 있었다. 서독의 역사를 '성공한 역사'로 규정하고 그런 시각으로 독일현대사를 파악하려는 시도는 곧 격렬한 논쟁을 불러일으켰다.[3] 뮌헨의 현대사연구소 소장 마틴 브로샤트는 현대사를 '성공한 역사'로 보는 시각은 '난감한 자기도취'의 오해를 살 수 있다고 경고하고 나섰다. 하버마스도 그것이 '신보수주의적' 수정주의 역사관으로 이어질 수 있다며 콜 정부의 박물관 건립 계획을 거부했다.

'역사가논쟁'에 불을 지른 보수주의적 역사서술 경향이 그 두각을 나타낸 것은 이러한 정치적 변화의 흐름을 타고서였다. 1970년대 이후에 전개된 미국과 소련의 화해와 라인 강의 기적이 가져다준 경제적 풍요도 여기에 한몫 거들었다. 요아힘 페스트가 쓴 『히틀러 전기』가 엄청난 판매부수를 기록하

---

[3] 당시 정치권과 역사학계, 박물관 전문가들은 박물관의 건립 과정과 구상 원칙을 둘러싸고 격렬한 논쟁을 벌였다. 박물관의 전시 방향과 내용을 둘러싼 논쟁은 독일이 통일을 이룩하기 전까지 계속되었는데 이 논쟁을 '박물관 논쟁'이라고 불렀다. 이 논쟁은 '역사가논쟁'과 더불어 당시 지식인들이 벌인 가장 격렬한 논쟁에 해당한다. 본의 역사의 집은 1994년에 이르러서야 처음으로 상설전시회를 열었고, 베를린의 독일역사박물관은 2006년에야 상설전시관을 개관했다.

며 베스트셀러가 된 까닭도 여기에 있을 것이다.

좌파 역사가들과 지식인들은 보수주의적 역사해석으로의 방향전환에 심각한 우려를 표시하기 시작했다. 하버마스는 놀테의 테제에 담겨 있는 자기 정당화 기억의 위험성을 경고하고 반성적 기억을 주문했다. 독일의 작가 랄프 지오르다노는 심지어 홀로코스트 기억을 억압하고 부정하는 것은 '제2의 범죄'라고 주장했으며, 독일의 역사가 크리스티안 마이어는 홀로코스트를 '그들의 범죄'가 아니라 '우리의 범죄'로 인정해야 한다고 강조했다. 가해자들까지도 '역사적 우리'의 일부로 받아들이는 마이어의 견해는 68세대의 그것과 달리 새로운 집단정체성을 모색하는 세대의 의식을 보여준다. 그런가 하면 브로샤트는 논쟁의 와중에 '역사화'라는 개념을 제기했다. 역사가는 한편으로는 인식 대상을 객관적으로 파악하기 위해 그것과 비판적인 거리를 두어야 하지만, 다른 한편으로는 한 시대를 다면적으로 포착하기 위해 역사적 행위자의 입장에서 그 시대를 이해해야 한다. 이런 점에서 나치 시대의 독일사를 이질적인 것으로 보기보다는 '우리의 일'로 받아들여야 하는데 브로샤트가 말한 '역사화'가 바로 이것이었다.

이렇듯 시간이 지남에 따라 놀테의 주장이 고립되는 경향을 보이지만, 하버마스와 볼프강 몸젠, 한스 몸젠, 한스 울리히 벨러 등의 좌파 학자들을 한편으로 하고 안드레아스 힐그루버와 클라우스 힐데브란트, 미하엘 슈튀르머 등의 우파 학자들을 다른 한편으로 하여 전개된 이 '역사가논쟁'은 독일사의 해석을 둘러싼 패권 다툼이었다고 볼 수 있다. 또한 독일의 전쟁 책임 논란에 종지부를 찍은 다음에 민족정체성을 강화하여 서독 사회의 내적 통합을 달성하고자 한 콜 총리의 역사정책을 평가하는 성격도 담겨 있다.

기억의 제도화

1990년에 이룩된 동독과 서독의 통일은 정치·문화적 환경에 또다시 커다란 변화를 가져왔고 홀로코스트 기억에도 모종의 변화를 낳고 있다. 구동독 체제에 대한 기억 때문에 홀로코스트에 대한 기억이 상대적으로 희미해졌고 그에 대한 역사적 부담도 상당히 경감되었다는 최호근 교수의 주장이 이를 대변해준다.

이러한 분위기에 편승하여 보수주의자들이 다시 목소리를 높이기 시작했고, 그 결과 1998년에는 '발저 논쟁'이 등장하기까지 했다. 이 논쟁은 베를린에 홀로코스트 기념물을 건립하는 문제를 두고 벌어졌다. 1998년 10월 독일 출판협회 평화상을 수상한 작가 마르틴 발저가 이 기념물 건립을 '치욕의 기념비화'라고 비난했다. 이것은 수도에다 홀로코스트 기념물을 건립하는 것이 새로운 출발을 하는 통일국가에 어울리지 않는다고 생각하는 보수파의 정서를 대변하는 비난이었다. 이에 대해 독일 유대인협회 대표 이그나츠 부비스는 발저의 비난이 유대인들의 평화를 깨는 '정신적인 방화'라고 반박했다. 이것은 고통스러운 기억을 조용히 묻어두자는 입장과 과거의 기억을 그렇게 처리해서는 안 된다는 입장의 충돌이었다.

이밖에도 홀로코스트의 기억이 지나치다고 경고하는 보수 세력과 얼룩진 과거를 비판적으로 성찰하는 길이 통일 독일의 나아갈 길이라고 보는 진보 세력의 충돌이 여러 차례 발생했다. 어떤 면에서는 홀로코스트의 기억이 과잉되었다고 볼 수도 있다. 홀로코스트를 추념하는 여러 기념일과 추모행사가 제정되어 있고, 기념물과 기념관이 도처에 널려 있었다. 고등학교를 졸업하기 전에 홀로코스트 관련 수업을 30시간 이상 받아야했고 아우슈비츠로 수학여행을 다녀와야 했다. 기억의 제도화가 이루어졌고 기억을 위한 장치가 마련되었다. 하지만 그렇다고 해서 독일인들이 홀로코스트를 진정으로 애도하고 있을까? 1998년에 실시한 조사에 따르면 14~18세에 해당하는 독일 청소년 31퍼센트가 아우슈비츠-비르케나우가 사람인지 장소인지 분간하지 못하는 것으로 나타났고, 1995년의 보도에 의하면 독일 대학생들 40퍼센트 가량이 뉘른베르크 인종차별법이나 반제회의에 대해 전혀 모르는 것으로 파악되었다. 2000년 이후 실시한 다른 조사들도 이와 유사한 수치를 제시하고 있다. 얄궂게도 제도화된 기억의 과잉 속에서 기억의 빈곤함을 보여주는 자료들이다. 과거의 사건에서 인간성 상실을 발견하고 자신에게도 그런 일이 일어날 수 있다고 생각할 때

에야 비로소 진정한 애도가 가능하다고 본다면 아직 그 단계에 이르지는 못한 것 같다. 진정한 애도를 위한 성찰 작업을 지속해야 할 이유가 여기에 있어 보인다.

나치 독재에 대한 독일 사회의 집단기억은 선택적이었고 선택을 둘러싼 경쟁은 매우 치열했다. 그 기억은 정치경제적 환경의 변화, 권력관계, 세대교체, 시민사회의 수준에 영향을 받으며 변천해왔다. 기억은 변한다. 그리고 기억과 역사는 서로 영향을 주고받는다.

제5장 프랑스 독일강점기의 기억

'어두운 시절'

1940년 봄에 막강한 육군을 자랑하던 프랑스가 독일군의 침공으로 한 달 만에 무너졌다. 그와 더불어 반세기가 넘는 역사를 자랑하던 프랑스 제3공화정(1870~1940년)이 붕괴되었다. 프랑스 역사가 마르크 블로크는 이것을 '이상한 패전'이라고 불렀다. 프랑스인들의 국민적 자존심에 충격을 안겨준 패배이자 '현대전들 가운데 제일 수치스러운 패전'이었다.

히틀러는 프랑스의 항복을 받아들이는 휴전 협정을 콩피에뉴 숲에서 체결했다. 22년 전에 독일이 제1차 세계대전의 패배를 받아들인 바로 그곳이었다. 더욱이 휴전 협정으로 프랑스 영토는 양분되었다. 북서부 지방의 '점령지역'은 독일이 직접 지배하고 나머지 지방은 '자유지역'으로 남았다.

'자유지역'에는 대독협력 정부가 들어섰다. 이 정부를 온천

〈그림 5.1〉 점령지역과 자유지역으로 분할된
프랑스

휴양 도시인 비시에 수립되었다고 해서 '비시 정부'라고 부른다. 비시 정부는 합법적인 절차를 통해 수립되었고 프랑스 우파의 광범한 지지를 받았다. 프랑스의 공화국 전통과 단절한 비시 정부는 국가를 쇄신하기 위해 전통적 가치에 기반을 둔 '민족 혁명'을 추진했다. 정부의 수반은 제1차 세계대전의 영웅 페탱 원수였다. 비시 정부는 경제와 군사 면에서 독일에 협력하는 데 그치지 않고 나치에 저항하는 레지스탕스와 유대인, 공산주의자를 체포하고 처형하기까지 했다.[4]

그런가 하면 독일의 억압과 징발이 심해지자 레지스탕스 운동도 활발해졌다. 프랑스의 레지스탕스 운동은 사실 그렇게 광범위하게 전개되었거나 즉각적으로 일어나지 않았다. 그리고 지역과 이념에 따라 매우 다양했다. 국내에서는 공산주의자들을 중심으로 자생적인 저항 운동이 전개되었고, 국외에서

---

[4] 레지스탕스 활동가와 공산주의자 6만3천 명이 강제수용소로 끌려갔고, 유대인 7만6천 명이 독일의 절멸수용소로 보내졌으며, 민간인 3만여 명이 총살당했고, 프랑스인 65만 명가량이 독일 공장에 징용되었다.

는 한때 페탱 원수의 부관으로 근무한 적이 있는 샤를르 드골이 런던으로 망명을 떠나 '자유 프랑스' 운동을 이끌었다.[5]

　프랑스는 이렇듯 점령지역과 자유지역으로 나뉜 데다 협력과 저항으로 갈리기까지 했다. 실제 상황은 이러한 양분법으로 설명할 수 없을 정도로 매우 복잡했다. 1944년 6월에 실시된 노르망디 상륙 작전과 연합군의 지원에 힘입어 레지스탕스들이 마침내 해방을 맞이했다. 비시 체제의 '협력의 프랑스'에 맞선 레지스탕스의 '저항의 프랑스'가 승리를 거둔 것이다. 해방을 맞이한 프랑스는 혼란의 연속이었다. 대독협력자들에 대한 처벌과 숙청이 시작되었다. 약식처형이나 공개삭발식 등의 '초법적' 처벌에서부터 부역자 재판소나 최고재판소의 판결을 통한 '사법처리'와 숙청위원회나 징계위원회에서 처리하는 '행정숙청'이나 자체 숙청에 이르기까지 처벌과 숙청의 양상은 다양했다. 부역 신문들을 폐간하고 부역 예술가들의 작품 활동을 금지하였으며 페탱에 전권을 부여한 상하원 의원들의 피선거권도 박탈했다.

　1940년에서 1944년에 이르는 이 시기가 이른바 독일강점기이다. 프랑스 역사에서 제일 많은 논란이 제기된 시기이다. 군사적 패배와 외국의 점령, 내전, 처벌과 숙청으로 점철된 이 시기를 프랑스인들은 프랑스 현대사에서 가장 '어두운 시

---

[5] 레지스탕스 활동가는 초기 2년 동안에는 5만 명 정도에 불과했고 전성기인 1944년에도 성인 인구의 2퍼센트 정도인 40만 명을 넘지 않았다.

절'이라고 부른다.

전후 프랑스 사회는 이 '어두운 시절', 곧 제2차 세계대전 시기를 선택적으로 기억했다. 비시 정부에 대한 기억을 억압하고 레지스탕스 신화를 만들어냈다. 비시 정부에 관심을 기울이기 시작한 것은 1970년대부터였고 1980년대에는 그 기억이 폭발하여 '비시 신드롬' 현상을 낳기에 이르렀다. 최근에는 그 기억의 외연이 식민화와 알제리 전쟁으로 확장되는 경향을 보였다.

레지스탕스 신화

전쟁이 끝나고 프랑스 지도자들은 엄청난 과업에 직면했다. 그들은 국민 대통합을 위해 죽은 자를 묻고 영웅을 칭송하며 반역자를 처벌하고 희생자에게 보상을 제공해주어야 했을 것이다. 레지스탕스 신화가 생겨난 것은 바로 이 무렵이었다.

1944년 8월 25일 공화국 임시정부의 수반인 드골은 환희에 넘치는 파리 시민들을 향해 파리 시민들 스스로 파리를 해방했으며 프랑스 군대는 물론이고 프랑스 나라 전체가 여기에 협력과 지원을 아끼지 않았다고 연설했다. 프랑스의 대독 협력 사실은 밝히지 않고 프랑스의 해방에 크게 이바지한 연합군 이야기를 단 한 차례 언급하는 데 그친 이 연설은 전후 프랑스 사회를 주도하게 될 서사의 전조를 보여주었다.

1789년의 프랑스 혁명 이후 프랑스 학자들 사이에는 쇠퇴와 몰락, 부활로 이어지는 단계적 관점에서 프랑스 역사를 파악하는 경향이 있어왔다. 이런 관점은 제2차 세계대전에 관한 프랑스인들의 집단기억에도 중대한 영향을 미쳤다. 1940년의 패전은 제3공화정의 쇠퇴와 몰락을 나타내고 영웅적인 레지스탕스 운동과 해방은 민족의 부활을 표상했다. 프랑스의 국민 정체성을 형성하는 데 동원된 이 비유는 정치 담론에도 상당한 영향을 미쳤다. 드골과 그의 추종자들은 자신들의 정치적 정당성을 확보하고 위대한 프랑스를 회복하고자 노력했다. 그 결과 두 가지 신화를 만들어냈다.

첫째는 드골의 레지스탕스 신화였다. 전후 프랑스 지도자들은 독일강점기 프랑스 사회의 분열이 민족 부활에 장애물이 될까봐 염려했다. 따라서 그들은 프랑스인들에게 직전 과거를 통합적으로 바라보는 한 개의 거울을 제공하는 데 관심을 기울였다. 그 거울은 다름 아니라 프랑스인들 상당수가 나치에 적극적으로 저항했다는 서사이다. 나중에 '레지스탕스 신화'로 불리게 되는 이 서사에서는 프랑스의 대독협력 사실에 대한 언급은 하지 않고 드골이 주도한 레지

〈그림 5.2〉 샤를 드골

스탕스의 업적을 과대 포장했다. 둘째는 자력 해방의 신화였다. 1944~1945년의 승리를 자력으로 이룩했다고 소개하는 이 설명은 연합군이 프랑스의 해방에 이바지한 역할을 무시하는 결과를 가져왔다.

넓은 의미로는 레지스탕스 신화와 자력 해방의 신화를 합쳐서 이른바 레지스탕스 신화라고 부른다. 이 신화는 전적으로 드골이 만들어낸 작품이다. 그래서 드골의 레지스탕스 신화라고도 한다. 1958년 알제리 전쟁을 둘러싼 위기로 제4공화정이 막을 내리고 제5공화정이 수립될 때 대통령 자리에 오른 드골은 레지스탕스 신화를 프랑스의 공식 기억으로 확립했다. 프랑스 국민들 스스로 영웅적 저항을 통해서 독일의 지배를 물리치고 해방을 맞이했다고 보는 레지스탕스 신화에서는 대독협력자들이나 비시 정부를 이러한 저항의 대열에서 이탈한 예외적 현상으로 처리했다.

분열된 프랑스 국민들에게 인위적 일체감을 심어준 레지스탕스 신화가 드골에게는 매우 유용한 정치적 수단이 되었다. 레지스탕스 신화에서는 다른 집단들의 그것에 비해 드골이 주도한 레지스탕스를 부각시켰다. 드골파와 마찬가지로 공산주의자들도 사실은 레지스탕스를 과대 포장하는 데 관심을 갖고 있었다. 프랑스 공산당은 이른바 7만5천 명의 항독 순국 용사를 앞세우며 공산당이 주도하는 레지스탕스 신화를 만들고자 했다. 하지만 레지스탕스 진영 내의 분열과 모순을 덮고 외부 침략세력에 저항한 계급투쟁의 성격을 강조하려던 공산주의자들은 곧 드골파가 내세우는 프랑스 국민의 일치단결한 레지스탕스 투쟁의 서사에 동조했다. 그 결과 국내의 자생적 레지스탕스 운동과 공산당의 투쟁은 상대적으로 축소된 반면에 드골이 이끈 자유프랑스군의 레지스탕스가 전면에 부각되었다. 자유프랑스군은 사실 1943년까지도 국내 레지스탕스 네트워크에 참여하지 않았다. 그런데도 드골이 프랑스 레지스탕스를 주도한 인물로 떠올랐다. 훗날 프랑스인들이 드골을 제5공화정의 초대 대통령(1959~1969년)으로 기억하면서도 레지스탕스 활동가라는 그의 이미지를 더욱 익숙하게 여기는 이유가 바로 여기에 있다.

드골은 또한 해방 20주년을 맞이한 1964년에 레지스탕스 영웅 장 물랭의 유해를 프랑스의 역사적 인물들을 안치하는 팡테옹으로 이장하고 성대한 추념식을 치렀다. 국내 레지스탕스 조직을 통합하고 그 조직을 드골 장군의 자유프랑스에 연결하는 작업을 추진한 물랭은 1943년 6월에 게슈타포에게 체포되고 독일로 이송되는 도중에 사망했다. 드골파는 당시 물랭을 추념하는 국가적 행사를 대대적으로 거행하면서 레지스탕스 신화를 전유하는 데 성공했다. 드골 정권의 권력의 기반이자 정당성의 토대는 바로 이 레지스탕스 신화에 있었다.

이렇듯 드골주의의 산물인 레지스탕스 신화는 전후 프랑스의 정치사회적 필요성과도 맞아떨어졌다. 대내적으로는 프랑스인들이 '프랑스의 영광'이라는 대의명분 하에 강점기의 상충하는 기억들과 부끄러운 과거를 잊고, 대외적으로는 국가가 자신감을 회복하고 전승국으로서 국제정치 무대에 복귀하는 데 이 신화가 매우 유용한 구실을 했다. 당시에는 프랑스인들이 그 진위 여부와 상관없이 이 신화를 '믿고 싶어' 했다.

기억의 역전

종전 직후 드골주의 신화가 지배하면서 비시 정부에 대한 기억은 억압되거나 무시되었다. 망각된 비시의 기억이 되살아나기 시작한 것은 1970년대였다. 독일강점기의 기억에 근본적인 변화를 가한 도전들이 이 시기에 제기되었다.

첫 번째 도전은 새로운 세대로부터 나왔다. 1960년대에 프랑스는 물론이고 세계 도처에서 부모 세대를 비판적으로 바라보는 새로운 세대가 등장했다. 2차 대전을 직접 경험하지 않은 신세대는 부모 세대와 입장이 달랐다. 그들은 부모 세대와 달리 대독협력에 대해 수치심을 느끼지 않았다. 그들은 드골 정권을 비판하기 시작했고 레지스탕스 신화에 의문을 제기하고 나섰다. 68혁명을 전후로 과거에 대한 인식의 전환이 생겨나기 시작했다.

두 번째 도전은 드골의 실각과 사망에서 몰려왔다. 드골은 1969년에 실각하고 그 이듬해에 사망했다. 그가 사망하자 프랑스 국영 텔레비전의 민영화가 추진되었고, 그 결과 프랑스 시민들은 보다 섬세한 시각의 제2차 세계대전을 접할 수 있게 되었다. 이와 더불어 독일강점기에 대한 국민적 합의에 균열이 생기기 시작했다.

세 번째 도전은 문화계와 역사학계에서 나왔다. 반드골주의 정서가 확산되면서 독일강점기 프랑스의 실상에 대한 증언들이 잇달아 제기되었다. 그와 더불어 대독협력자와 부역세력들이 남몰래 간직해온 변명들이 영화감독이나 작가들의 손을 거쳐 세상에 알려지기 시작했다. 마르셀 오퓔스의 영화 <슬픔과 연민>(1971년), 루이 말의 영화 <라콩브 뤼사앙>(1974년), 파트릭 모디아노의 소설 『개선문 광장』(1968년), 파스칼 자르댕의 소설 『9살 때 전쟁』(1971년), 조제프 조포의 소설 『구슬한 자루』(1973년) 등이 그것이다. 이들은 프랑스의 일상과 다양한 양상의 대독협력을 보여주면서 레지스탕스 신화에 도전했고, 대독협력을 한 아버지 세대에 대해 솔직한 고백을 늘어놓아 충격을 안겨주었다.

그런가 하면 역사가들도 '어두운 시절'을 조명하기 시작했다. 이 무렵에 되살아나기 시작한 독일강점기의 기억들이 이들의 작업에 상당한 영향을 미친 것으로 보인다. 비시 정권을 학문적으로 분석하는 일에 제일 먼저 뛰어든 이들은 외국 역사가들이었다. 대표적으로 미국 역사가 로버트 팩스턴이 1973년에 저서 『비시 프랑스』를 출간했다. 그는 이 저서에서 페탱이 드골의 '검'을 막는 '방패' 노릇을 했다는 논지를 반박했다.

그 대신에 비시 정권의 관료들이 자신들의 이념적 확신에 따라 나치에 적극 협력했다고 주장했다. 그리고 비시 정권이 단순히 나치의 꼭두각시 정권이 아니라 프랑스의 전통적인 극우세력에 기반을 둔 정권임을 밝혀냈다. 그는 비시 정권의 대독협력이 프랑스 시민들을 강제노역에서 보호하지도 못하고 그들의 삶의 질을 향상시키지도 못했다고 주장했다. 이러한 팩스턴의 주장에 프랑스 학계는 충격에 빠졌다.

그로부터 10년 뒤인 1983년에는 이스라엘 역사가 제프 스터넬이 『우파도 좌파도 아니다: 프랑스 파시즘 이데올로기』를 출간했다. 그는 이 책에서 비시 정권의 기원은 1940년의 패배에 있지 않고 프랑스 고유의 반민주주의와 반유대주의에 있다고 주장했다. 민주주의의 요람을 자처해온 프랑스의 국민적 자부심에 손상을 입힌 이 주장은 파시즘 논쟁을 불러일으켰다.

프랑스 국내에서는 물랭과 더불어 국내 레지스탕스 운동을 지도한 앙리 프레네가 물랭의 활동에 이의를 제기하는 회고록을 출간해 파문을 일으켰다. 이에 물랭의 개인비서 다니엘 코르디에가 물랭을 변호하고 나섰다. 프랑스 역사가 슈테판 쿠르투아는 『전쟁기의 프랑스공산당』(1980년)이라는 저서에서 독일강점기에 프랑스공산당이 벌인 레지스탕스 운동의 실상을 폭로했다. 그 후 공산당 지도부가 감추어온 사실들이 속속 드러났다. 이러한 이의 제기와 폭로가 이어지면서 드골주의와 공산주의 신화는 점차 해체되기 시작했다.

1980년대에는 유대인 학살용 가스실의 존재 자체를 부정하는 부정주의가 등장했다. 대독협력에 참여한 적이 있는 루이 다르키에는 "아우슈비츠에서 가스로 죽인 것은 벌레뿐"이라고 강변했고, 리옹대학 교수 포리송은 가스실 자체가 아예 존재하지 않았다고 주장하기에 이르렀다.

네 번째 도전은 드골의 후임자들에게서 나왔다. 드골의 뒤를 이어 조르주 퐁피두(1969~1974년), 발레리 지스카르 데스탱(1974~1981년), 프랑수아 미테랑(1981~1995)이 차례로 대통령이 되었다. 이들은 레지스탕스 신화를 다시 살려내거나 유지하는 데 관심이 없었고 그럴 능력도 없었다. 이들의 기억 정책은 오히려 레지스탕스의 신화를 벗겨내고 기억을 혼란스럽게 만드는 데 이바지했다.

1969년 퐁피두의 집권을 두고 한 정치학자는 '드골이 없는 드골주의'로의 이행이 별다른 소동 없이 일어났다고 지적했다. 퐁피두는 드골주의자였지만 레지스탕스와는 아무런 관련이 없는 인물이었다. 그가 한편으로는 레지스탕스 신화에 등장하는 기존의 전쟁 이미지를 공격하면서도 다른 한편으로는 2차 세계대전을 비판적으로 고찰하는 다큐멘터리의 방영을 금지하고 비시 정부 관련 문서보관소에 대한 연구자들의 접근을 금지하는 정신분열증적인 기억 정책을 추진한 이유가 여기에 있다. 1971년에는 비시 정부에서 친독 준군사조직인 민병대의 책임자로 활동한 폴 투비에에게 부분 사면 조치를 내렸다. 사면 조처를 단행한 이유를 해명하는 기자 회견을 하면서 퐁피두는 프랑스 국민들에게 "이제는 모든 것을 덮고 프랑스인들이 서로 증오하고 싸우고 죽이던 시절을 잊어야" 한다고 호소했다. 하지만 기자 회견은 오히려 우익 드골주의자들로부터 공산주의자들에 이르는 광범한 사회 집단들의 분노를 유발하고 말았다.

파리가 해방될 당시 18살에 불과했던 지스카르 데스탱은 레지스탕스 운동에서 그렇게 중요한 구실을 하지 않았다. 그런 탓인지는 모르겠지만 그는 지나친 열정이 아니라 단순한 호의 정도로 레지스탕스 운동을 대했다고 알려져 있다. 하지만 역사가들은 그의 연설과 행동이 일치하지 않았다고 지적했다. 연설을 할 때는 드골주의의 미사여구를 늘어놓았지만 실제로는 그렇게 행동하지 않았다고 한다. 이를테면 국가적 기념행사인 유럽 전승 기념일을 폐지하는 결정을 내렸다. 이는 일부 사람들이 그렇게 해석한대로 프랑스와 독일의 양국 관계를 재건하기 위한 조처일 수 있지만 레지스탕스 활동가들은 아마도 그가 내린 결정에 모멸감을 느꼈을 것이다. 지스카르 데스탱의 기억 정책도 퐁피두의 그것과 크게 다르지 않았다. 미국 역사학자 리처드 골산의 표현에 따르면 그의 기억 정책은 '레지스탕스 신화의 점진적인 탈영웅화'에 이바지했다.

전임자들의 그것과 상당히 다르기는 했지만 미테랑의 기억 정책도 모순적이기는 마찬가지였다. 미테랑은 대통령 재임 시절에 유럽 전승 기념일을 부활시키고 비시 정부의 인사들을 재판에 회부했으며 박물관 건립을 추진했다. 그는 제2차 세계대전과 레지스탕스를 보다 긍정적인 방식으로 기념하려고 시도했다. 그는 여전히 비시 정권의 일탈적 성격을 강변했다. 소수의 협력자들 때문에 공화정을 비난할 수는 없다고 설명했다.

이처럼 드골의 뒤를 이은 퐁피두와 지스카르 데스탱, 미테랑은 레지스탕스 신화를 유지할 생각도 별로 없었고 서서히 와해되어가는 민족 서사의 틀을 다시 짜낼 능력도 없었다. 그런가 하면 프랑스 사람들은 아직도 '모든 것을 덮'을 채비가 되지 않았다. 비시 정부의 인사들에 대한 기소의 물결이 다시 일어나기 시작한 것은 이런 상황 속에서였다.

1970년대 들어 제2차 세계대전에 대한 기억이 새롭게 되살아나면서 전쟁 범죄에 관한 논란이 고개를 들기 시작했다. 유대인 대학살의 기억이 이를 더욱 부채질했다. 그동안 홀로코스트를 나치 독일의 소행으로 치부해온 프랑스 사회에 프랑스의 반유대주의와 홀로코스트 공모 논란이 새롭게 불거진 것이다. 여기에는 이스라엘의 건국으로 자신감을 얻은 프랑스 유대인들이 비시 정권의 반유대주의를 고발하고 자신들의 희생을 인정받기 위해 홀로코스트 전범들을 기소하고 나선 것이 큰 영향을 미쳤다. 홀로코스트의 기억과 반인륜범죄에 대한 관심이 미국과 유럽에서 보편적 현상으로 떠오른 것도 그 배경으로 작용했다.

그 결과 '리옹의 도살자'로 불린 독일의 비밀국가경찰(게슈타포) 클라우스 바르비에 대한 재판을 비롯하여 독일강점기에 레지스탕스 운동을 탄압하거나 유대인 학살에 가담한 전력이 있는 르네 부스케, 폴 투비에, 모리스 파퐁에 대한 재판이 1980년대와 1990년대에 이어졌다. 특히 드골 정권 하에서 고위 공직을 맡은 적이 있는 파퐁을 유대인 학살의 책임을 물어 유죄 처분을 내린 1997년의 파퐁에 대한 재판은 프랑스 사회에 큰 동요를 불러일으켰다.

이 재판들은 전후의 1차 사법 숙청에 뒤이어 전개된 '2차 숙청'에 해당했다. 이를 '기억의 전쟁'이라고 부르기도 한다. 하버드대학 교수 수잔 루빈 술레이만은 이 재판들을 레지스탕스의 역사에서 분수령에 해당하는 것으로 간주했다. 제2차 세계대전에서 레지스탕스와 영웅적 투쟁을 떠올리던 프랑스인들이 이제는 프랑스의 반유대주의와 대독협력을 기억하게 되었다. 2차 대전에 대한 집단기억에 변화가 생겨난 것이다. 그와 더불어 신화로서의 레지스탕스 대신에 역사적 존재로서의 레지스탕스를 조명하기 시작했다. 이제 레지스탕스는 신화의 자리에서 역사의 자리로 내려앉게 되었다.

이제 독일강점기에 자행된 유대인 학살이 프랑스인들이 기억하고 참회해야 할 대상으로 떠올랐다. 이를 보여주는 대표적 사건이 1942년 7월에 자행된 '벨디브 사건'이다. 당시 경찰

책임자 부스케의 명령을 받은 프랑스 경찰이 유대인 1만3천 여 명을 체포하여 동계경륜장 벨디브에 감금했다가 그들 대부분을 아우슈비츠 절멸수용소로 이송했다. 그 결과 대부분이 사망했다. 이 사건의 전체 내용이 드러나면서 프랑스도 홀로코스트의 책임에서 자유롭지 않게 되었다. 1992년에 '벨디브 사건' 50주년을 기념하는 자리에서 미테랑 대통령은 이를 비시 정부의 책임으로 돌리면서 국가적 책임을 회피하고자 했다. 반면에 1995년에 대통령이 된 자크 시라크는 그것이 '프랑스 국가가 저지른 범죄'라면서 사과했다. 유대인 학살에 대한 프랑스의 책임을 공식적으로 인정한 것이다.

기억의 확장과 이용

파퐁 재판 이후 제2차 세계대전을 둘러싼 '기억의 전쟁'은 어느 정도 가라앉았다. 일부 극우파를 제외한 프랑스인들 대다수가 프랑스의 반유대주의와 홀로코스트 공모를 집단기억으로 받아들이게 된 것이다. 그런데 이러한 비시 정부의 기억, 곧 '비시 신드롬'은 여기에서 그치지 않았다. 홀로코스트의 책임을 인정한 프랑스가 알제리 전쟁기의 고문과 학살은 외면한다는 비난에 직면하게 되었고, 그에 따라 그 기억의 외연을 알제리 전쟁의 기억으로 확장하게 되었다.

1954년에 시작하여 1962년에 끝이 난 알제리 전쟁은 프랑스인들이 독일강점기 못지않게 잊고 싶어 하는 과거였다. 19

세기 이래 프랑스의 중요 식민지였던 알제리가 독립을 시도하면서 생겨난 이 위기로 프랑스는 내전 직전까지 내몰렸고 결국 제4공화정이 붕괴되기까지 했다. 충격적인 사실은 알제리에 파병된 프랑스 군인과 경찰이 알제리 사람들을 상대로 학살과 고문, 강간을 자행했다는 점이다. 전쟁 후에 프랑스 정부는 전범들을 단죄하기는커녕 그들을 일괄 사면 조치하고 전쟁에 대한 침묵을 강요했다.

하지만 알제리 전쟁에 대한 침묵은 오래가지 않았다. 여기에는 '비시 신드롬'의 영향이 컸다. 1987년에 열린 바르비 재판에서 바르비가 반인륜 범죄로 재판을 받아야 한다면 알제리 전쟁에서 고문과 학살을 자행한 프랑스 군인들도 그와 마찬가지로 재판을 받아야 한다는 주장이 제기되어 파문이 일어났다. 1997년에 열린 파퐁 재판에서도 알제리의 무슬림 '반란자들'을 잔인하게 진압하고 알제리 출신 이민자들을 과잉 진압하게 한 파퐁의 과거 경력이 드러나면서 알제리 이민자 학살에 대한 사회적 분노가 확산되었다. 이들 재판이 알제리 전쟁의 기억을 환기시키는 데 이바지한 것이다. 2차 세계대전의 기억이 식민주의와 탈식민화의 기억을 되살리는 매개체로 작용했다.

그런가 하면 최근 들어 니콜라 사르코지 대통령(2007~2012년)은 과거의 기억을 정치에 십분 이용했다. 그는 대통령 취임을 전후해서부터 국민들에게 독특한 역사관을 선보이고 국민

〈그림 5.3〉 니콜라 사르코지와 프랑수아 올랑드

역사교육의 재편을 시도했다. 대내외적으로 프랑스인의 정체성이 위협받고 있다고 본 사르코지는 '하나의 민족정체성'을 내세우며 국가의 영예를 드높인 민족 영웅과 위인들을 즐겨 언급했다. 유세 현장에서 그는 드골 대통령은 물론이고 사회당을 창건한 장 조레스를 비롯한 좌파 인물들도 치켜세웠다. 프랑스 현대사를 연구하는 이용재 교수는 국민의 표를 얻어 내기 위한 전술 차원에서 사르코지가 그렇게 했을 것으로 추정하고 있다. 당시에는 차이와 배제보다는 화해와 공영의 정치적 수사가 더 큰 힘을 발휘하리라고 보고 그렇게 했을 것이라는 얘기이다.

사르코지는 여기에서 더 나아가 레지스탕스의 기억을 독차지 하려고 했다. 대통령에 취임하던 날 그는 1944년 8월에 레지스탕스 대원 35명이 독일 게슈타포에게 처형당한 불로뉴 숲에 들러 레지스탕스를 추념하고 '순국 청년' 기 모케를 레지스탕스의 상징으로 내세웠다. 기 모케는 공산당 지하청년조직의 일원으로 공산당 전단지를 배포하다가 체포되어 1941년 10월 17세의 나이에 게슈타포에게 총살당한 인물이다. 우파 정치인으로서 레지스탕스 지도자 조르주 망델을 사표로 삼아온 그가 이렇게 청년 공산주의자 기 모케를 앞세운 이유는 레지스탕스를 좌파나 우파의 유산이 아닌 국민 전체의 그것으로 돌려 국민화합을 도모하는 정치인이라는 자기 이미지를 부각시키려고 한 데 있다.

사르코지는 대통령으로서 내릴 첫 조치로 기 모케를 비롯한 이름 없는 레지스탕스 영웅을 고등학교 역사교육 시간에 다루도록 교육부 장관에게 요청했다. 그는 2007년 5월 16일 불로뉴 숲에서 한 대통령 추모연설에서 이를 분명히 밝혔다.

"기 모케가 처형당하기 직전에 부모에게 보낸 이 감동적인 편지가 읽히기를 원합니다. 우리 아이들에게 이 프랑스 젊은이가 누구인지를 설명해주는 일, 역사 교과서에 나와 있지 않은 이 이름 없는 영웅들 중 몇몇의 희생을 통해서 인간의 위대함이 무엇인지를 보여주는 일은 아주 중요하다고 믿기 때문입니다. (…) 기 모케의 편지를 읽을 때마다 나는 형언할 수 없는 감동에 사로잡히곤 합니

다. (…) 공화국 대통령으로서 나의 첫 결정은 이 편지가
매 신학기 초 프랑스의 모든 고등학생들에게 읽히도록
교육부 장관에게 조치하는 것입니다."

대통령의 요청을 받은 교육부는 기 모케가 처형을 당한 10
월 22일을 기 모케의 편지 낭독일로 정한다는 훈령을 일선 고
등학교에 내렸다. 이에 교육현장과 역사학계에서는 편지 낭독
을 두고 논란이 벌어졌고 정치권에서도 찬반양론이 갈렸다.
교사들과 역사단체들은 대통령의 교육 현장 개입에 반발했고
편지 낭독이 레지스탕스의 역사적 의의를 훼손하는 역효과를
낳을 수도 있다고 우려했다.

사르코지는 프랑스인의 민족 정체성을 복원하는 일에 관심
을 두고 있었는데 이러한 관심이 마침내 '프랑스역사의 집'
건립 프로젝트로 나타났다. 이 '프랑스역사의 집'은 역사 관
련 박물관들을 하나로 묶는 연합체이자 본부로서 프랑스의
역사를 총괄적으로 조망하게 해주고 프랑스인의 정체성을 북
돋아주는 역사박물관이 될 터였다. 2009년에 역사박물관 건립
계획이 공식적으로 발표되자 일부 저명한 역사가들이 그 계
획에 우려를 표시했다. 획일적인 역사교육의 장은 달라진 시
대 상황과 역사학의 동향에 어울리지 않는다는 이유에서였다.
건립의 적절성과 타당성을 놓고 벌인 학계와 문화계 관련 인
사들과 단체들의 논쟁에도 아랑곳하지 않고 추진되어온 역사

박물관 건립 사업은 2012년 5월에 '역사의 집' 폐기를 당론으로 삼은 사회당의 프랑수아 올랑드가 대통령에 당선되면서 중단되었다. 사르코지 대통령의 '역사 만들기'를 연구한 이용재 교수의 말마따나 민족사박물관 건립이라는 정치적 기획을 둘러싼 '역사전쟁'을 종결시킨 것은 얄궂게도 대선의 승패였다.

제6장 스페인 현대사의 기억과 과거사 논쟁[6]

내전과 독재

스페인 사회는 1936~1939년에 내전으로 골머리를 앓았다. 1931년에 선거혁명을 통해 제2공화국(1931~1936년)이 군주제를 대신해 들어서고 변화를 위한 개혁을 추진했다. 1936년에 일부 군인들이 군사쿠데타를 일으켰고 변화를 두려워한 사람들이 그 쿠데타를 지지하면서 내전이 시작되었다. 쿠데타 이후 군대가 진주한 지역에서는 더러운 전쟁이 자행되었다. 동족을 대량 학살하는 일에 민간인들이 군사당국과 협력했다. 내전은 또한 국제분쟁으로 비화되었다. 히틀러와 무솔리니의 군사원조를 받은 프랑코 장군이 신생 민주공화국을 상대로 연전연

---

[6] 이 장은 필자가 쓴 두 편의 논문, 곧 「스페인의 과거사 논쟁」 [안병직 외, 『세계 각국의 역사 논쟁 갈등과 조정』(대한민국역사박물관, 2014)]과 「스페인 현대사에 관한 수정주의 해석과 그 등장 배경」 [『역사교육논집』 제58집(2016.2)]을 요약·편집한 글이다.

승을 거두었다. 내전은 결국 1939년 4월 1일에 프랑코가 이끄는 국민 진영의 승리로 끝이 났다.

내전이 끝났다고 해서 평화가 이룩되지는 않았다. 프랑코 정권(1939~1975년)은 패자들을 처형하고 배제하면서 나라와 사회를 재편해나갔다. 공화국을 지지한 사람들을 '스페인의 적대세력'이라면서 악마 취급을 했다. 약식 군사재판으로 수만 명을 처형했고, 남녀노소를 불문하고 수십만 명을 감옥과 소년원, 강제수용소에 가두었다.

스페인 내전에서 살해된 자들에다 1939년과 1943년 사이 프랑코 정권에 의해 처형된 자들이나 질병과 굶주림으로 죽은 '빨갱이' 재소자들을 더하면 스페인 내전과 프랑코 정권의 희생자들은 무려 58만 명에 달한다. 정확한 수치에 대해서는 여전히 논란이 많지만 희생자들의 규모가 엄청나다는 데는 모두가 동의한다.

이렇듯 엄청난 수의 내전과 프랑코 독재 희생자 문제로 불거진 스페인 과거사 문제는 극적인 변천을 겪어왔다. 프랑코가 살아 있을 때는 누가 누구에게 얼마나 희생당했는지를 입밖으로 꺼내서 공론화하지 못했다. 패배한 공화주의자들은 '반역자들'이었고 국민군 승리자들은 '구세주'였다는 교육을 말없이 받아들여야 했다. 과거사 관련 기억이 억압되고 터무니없이 왜곡된 것이다.

프랑코가 사망하면서 과거사 문제에 변화가 있을 것 같았지만 스페인은 침묵의 길을 택했다. 과거사는 잊어버리자는 침묵의 길을 걸은 것이다. 좌파와 우파 정치 엘리트들이 이에 합의했고, 대중들도 정치 엘리트들의 이러한 합의에 동조했다. 이러한 사회적 합의의 산물이 바로 1977년 10월 사면법이다. 그 결과 스페인은 큰 어려움 없이 민주화를 이룩하고 민주주의를 정착시킬 수 있었다. 일부 정치학자들이나 역사학자들이 스페인의 민주주의 이행을 '모범' 사례로 꼽는 이유가 여기에 있다. 이는 기억의 침묵을 담보로 한 것이다. 이러한 기조는 사회노동당이 집권한 1980년대에도 변함없이 유지되었다.

과거사 문제와 관련한 변화는 1990년대 말에 나타났다. 그것은 역사기억회복운동으로 나타났고, 이 운동은 희생자 진상조사를 위한 범정부위원회 설치와 역사기억법 제정으로 이어졌다. 그런 가운데 기억을 회복하려는 무리들과 그에 반대하는 무리들이 대립했다.

요컨대 스페인의 과거사 문제는 기억의 억압과 왜곡, 침묵, 회복의 굴곡을 겪으며 변천해왔다. 프랑코 독재 정권이 일방적으로 주도한 기억의 억압과 왜곡은 과거사 문제의 해결책이 될 수 없었다. 사회적 합의의 산물인 전환시대의 침묵은 민주화를 이룩하는 데 크게 기여하기는 했지만 그것도 과거사 문제의 진정한 해결책이 될 수 없기는 마찬가지였다. 최근 들어 그 문제가 다시 불거진 데서 이를 잘 확인할 수 있다.

침묵의 정치

프랑코 사후 전환시대의 스페인 역사에서 흔히 얘기하는 침묵 협정이나 망각 협정은 문서로 존재하지 않는다. 그것은 1977년 사면법의 형태로 존재할 뿐이다. 침묵 협정의 기본 정신이 구현되어 있는 사면법이 "모든 사람을 사면하고 모든 사람을 잊는" 길을 열어주었다. 이를 통해 과거를 공식적으로 거론하지 않게 되었다. 프랑코 독재를 막 벗어난 스페인 사람들은 과거사를 접어두고 역사의 페이지를 넘겨 미래를 바라보기로 선택했다.

사면 요구는 사실 프랑코가 사망하기 전부터 제기되었다. 하지만 프랑코는 그 요청을 묵살하고 내전에서 패배한 패자들의 복권 조처를 일체 거부했다. 그 결과 정치적 사면은 프랑코 사망 이후로 미뤄지게 되었다.

프랑코가 사망한 이후 왕위에 오른 후안 카를로스 국왕과 새로 구성된 아돌포 수아레스 정부는 사면에 관심을 보였고 정당과 노조들도 적극적으로 움직였다. 국왕은 즉위 3일 만인 1975년 11월 25에 정치범 특사령을 내렸다. 그러면서 국민적 화해를 희망했다. 민주화의 의지를 보여주고자 한 아돌포 수아레스는 첫 조처로 1976년 7월 30일 사면법을 승인했다. 어떤 희생을 치러서라도 대립을 피하고 평화적으로 민주주의를 이룩하고자 하는 바람이 담긴 조처였다.

아돌포 수아레스 정부는 이어서 1976년 7월 사면법의 사면 대상을 확대하는 제2의 사면법을 준비했으며, 한편으로는 교회 대표자들을 만나고 다른 한편으로는 공산당을 합법화하면서 반대세력을 무마하는 작업에 나섰다. 의회에서 일부 세력이 반대를 하기는 했지만 정부의 사면 법안이 의회의 승인을 얻는 데는 문제가 없었다.

사실상 모든 정치범들을 석방한다는 내용의 1977년 10월 사면법은 이렇듯 정부와 종교기관과 정당들의 합작품이었다. 당시 대다수의 사람들은 정치적 사면을 민주주의를 수립하는 데 필요한 필수 요건이자 승자와 패자가 화해를 하는 데 선행되어야 할 전제라고 생각했다.

대중과 시민사회 단체들은 과거를 잊고 화해하자는 정치 엘리트들의 이러한 합의를 존중했다. 프랑코 사후 스페인 대중 61퍼센트가 전면 사면을 지지했다. 시민사회 단체들이 과거사 문제를 다루어야 한다는 '사회적 요구'를 제기하지도 않았다. 이렇듯 정치 엘리트들이 과거를 잊거나 침묵하는 방향으로 나아가는 데 별다른 걸림돌이 없었다.

그렇다면 국왕과 종교기관, 정치인들, 다수의 대중들이 왜 과거를 묻어두고 화해하자는 데 발을 벗고 나섰을까? 여기에는 몇 가지 이유가 작용했다.

첫째는 두려움이었다. 오래된 상처를 건드리면 민주화가 무산되고 다시 내전이나 독재로 이어질지 모른다는 두려움이었다. 이 두려움과 미래의 불확실성에 기름을 끼얹은 것이 폭력 행위였다. 1975년과 1980년 사이에 정치적 이유로 비명횡사한 사람들이 460명을 넘었다. 스페인 내전을 연구한 영국 역사가 헬렌 그레이엄은 "'침묵 협정'을 만들어낸 것은 널리 확산된 사회적 두려움이었다. 고발당하고 살해당한 사람들의 두려움뿐만 아니라 고발하고 살해한 사람들의 후손과 그 가족들의 두려움과 죄책감, 그리고 공모한 사람들의 두려움이 그것이다"라고 정리했다.

다음으로 중요한 요소는 세대교체였다. 민주주의로 이행하는 전환시대를 산 스페인 사람들은 대부분 내전을 겪지 않았다. 정치 지도자들은 전쟁을 경험한 당사자들의 자녀였다. 전쟁을 겪은 사람들과 그 결과를 겪은 사람들 사이에는 '기억의 세대차'가 있다는 연구 결과가 있다. 전쟁을 직접 겪지 않은 자녀 세대는 전쟁을 잘 몰랐다. 여기에는 프랑코 시대의 역사 교과서와 역사교육이 커다란 영향을 미쳤다. 프랑코 시대 역사교과서는 스페인 역사를 프랑코주의 관점에서 재구성했다. 제2공화국을 "수도원 방화, 무질서, 사회적 갈등, 분리주의, 공산주의"와 관련지어 서술했고, 공화주의를 당파 싸움만을 일삼는 고질적인 반교권주의로 묘사했다. 내전의 왜곡은 더욱 심했다. 국민군 승리자들을 '구세주'로 묘사하고, 패배한 공화주의자들은 '반역자'로 기술했다. 내전을 '십자군 전쟁'과 '영예로운 봉기'라고 부르고 선과 악의 투쟁으로 보았다. 그러니 내전의 실상을 제대로 알기가 어려웠다.

세 번째 요소는 1960년대의 경제 호황이었다. 경제 호황이 과거를 멀리하는 문화를 낳은 측면이 있다. 스페인의 산업 생산은 1960년과 1967년 사이 매년 10.5퍼센트씩 늘어났다. 1인당 소득도 1960년에 400달러에서 1974년에는 1,300달러로 증가했다. 이러한 경제 호황이 소비지상주의를 낳았고 과거사를 멀리하는 경향을 불러왔다. 내전의 기억 문제를 연구한 마이클 리차즈도 이런 맥락에서 "소비주의가 대부분의 사람들의 관심을 과거에서 다른 데로 돌려놓았다. 그들은 개인적인 차원에서 전쟁의 끔찍한 참상과 그 여파를 잊으려고 했다"고 지적했다.

경제가 번성하자 일반 대중들은 과거에 대해 이중적인 태도를 보였다. 프랑코 시대에 대한 대중의 집단기억을 조사한 결과 긍정적인 면도 있고 부정적인 면도 있다는 입장이 절반가량을 차지하는 것으로 나타났다. 프랑코 시대를 좋은 면도 있고 나쁜 면도 있다고 보는 관점이 프랑코 체제를 단죄하려는 사회적 추진력을 약화시키는 방향으로 작용했다고 볼 수 있다.

마지막으로 이행기에 굳어진 내전에 관한 집단기억이다. 1970년대 중반에 스페인 대중들은 내전을 승자도 없고 패자도 없으며 오직 희생자만 존재하는 집단적 광기에서 비롯된 사건으로 간주했다. "우리 모두에게 책임이 있다"와 "다시는 되풀이 하지 말자"는 슬로건은 내전의 집단기억에 기반을 둔 것으로 침묵이나 망각을 정당화하기 위하여 정치 엘리트들이 만들어낸 주문과 같은 것이었다.

후안 카를로스 국왕과 아돌포 수아레스 총리, 좌우파 정치
세력들이 나름의 정치적 합의를 도출해낸 것은 이러한 사회
적 분위기 속에서였다. 이들의 합의가 1977년 10월 사면법 제
정으로 구체화되었다. 이러한 일련의 과정을 침묵의 정치라고
불러도 좋을 것이다.

기억의 회복

전환시대에 덮어두기로 한 과거의 기억을 다시 끄집어내기
시작한 것은 1990년대 후반에 들어서다. 2000년 이후에는 내
전과 독재 체제 희생자들의 '기억 회복' 움직임이 시민사회뿐
만 아니라 정계와 언론계에서도 점차 가속화되었다. 이후 기
억의 붐이 일어나기 시작했고 기억 문제가 과거 관련 담론의
주종을 이루게 되었다.

펠리페 곤살레스가 이끄는 사회노동당 정부가 14년(1982~
1996년) 동안 집권했어도 '침묵과 무기억'으로 일관했는데 왜
이런 변화가 생겨났을까? 그 이유로 다음과 같은 점들을 생각
해볼 수 있다.

첫째로, 세대교체이다. 1996년에 내전 발발 60주년을 맞이
하면서부터 전쟁을 겪은 세대의 손자 세대가 사회의 주역이
되었다. 이른바 손자 세대에게는 거리낄 것이 없었다. 2004년
에 총리로 선출된 사회노동당의 호세 루이스 사파테로는
1960년생이다. 손자 세대는 과거 문제에 있어서 부모 세대와

달랐다. 이들에게는 부모 세대가 가졌던 또다른 내전이나 독재의 희생이 될지 모른다는 두려움이 없었다. 오히려 사건의 진상을 알고 싶어 했다.

둘째로, 스페인 국내 정치 상황의 변화이다. 사회노동당이 14년 동안 장기 집권하고 1996년에는 정권 교체가 평화적으로 이루어졌다. 총선 결과 국민당이 8년을 집권했다. 21세기 초에 이르기까지 근 30년 동안 스페인은 민주주의를 잘 유지해왔다. 여기서 나온 자심감이 과거를 대하는 태도에도 나타났을 것이다.

셋째로, 국제 정치 환경에 나타난 변화이다. 진실과 화해 위원회를 구성해서 정의를 세우려는 운동이 1980년대 초부터 여러 나라에서 전개되었다. 과거사를 규명하기 위한 위원회가 아르헨티나에서부터 미국에 이르기까지 무려 27개 국가에 꾸려졌다. 이러한 국제 환경의 변화가 스페인에 다소간 영향을 미쳤을 것이다.

넷째로, 칠레의 독재자 아우구스토 피노체트 체포 사건이다. 1998년에 피노체트가 런던에서 체포되었다. 스페인 판사 발타사르 가르손이 칠레에 거주하던 스페인 사람들 7명이 피노체트 독재 시절에 실종된 사건을 들어서 그를 기소했기에 체포된 것이다. 기소 내용은 곧 1973년과 1991년 사이 칠레 사람들 수천 명이 당한 조직적인 고문과 살해, 불법 구금, 실종 사건으로 확대되었다.

피노체트 체포가 제일 큰 정치적 파장을 불러일으킨 곳은 스페인이었다. 피노체트 체포 사건이 스페인의 침묵 협정을 뒤흔들었던 것이다. 스페인 사법기구가 자국 독재자의 유산 조사는 꺼려하면서 외국 독재자를 재판하려 한다는 논란이 제기되면서 스페인은 "피노체트는 기소하고 프랑코는 기소하지 않았다"는 충격에 빠지게 되었다. 그러면서 독재 체제의 기억을 되살리게 되었고 '기억의 분출'이 시작되었다. 다른 한편으로는 피노체트를 법정에 세우려는 시도를 둘러싸고 스페인 정계가 둘로 나뉘었다. 사회노동당을 비롯한 좌파는 이를 환영한 반면에 우파는 사건이 별일 없이 마무리되기를 바랐다. 과거를 덮어두자는 정치인들의 합의에 균열이 생기기 시작했다.

〈그림 6.1〉 역사기억회복회의 유해발굴 현장

마지막으로, 역사기억회복회를 비롯한 시민사회 단체의 활동이다. 언론인 에밀리오 실바가 2000년에 설립한 역사기억회복회의 활동

목표는 묘지를 발굴하고 유해를 확인해서 유족들의 품에 안겨주는 것이었다. 이 무렵 기억회복 운동과 관련한 단체들이 우후죽순처럼 생겨났다. 내전망명문서보존회, 전쟁아이들협회, 망명자후손회 등 전국과 지역, 지방을 무대로 활동하는 단체들이 160개가 넘었다. 이런 점에서 기억회복 운동은 시민사회 단체들로부터 비롯되었다고 볼 수 있다.

이러한 기억회복 운동에 대해 정치인들은 어떤 반응을 보였을까? 그들의 반응은 크게 둘로 나뉘었다. 우파는 종래의 오래된 상처의 비유를 들고 나오면서 반대했고, 좌파는 이 운동을 지지하며 역사기억 회복 관련 담론을 확산시켰다.

우파는 프랑코 정권 대변자들과 프랑코 반대파들이 정치적 협정을 통해서 과거를 묻어두기로 했고 그 결과 국민화해를 이룩했다고 보았다. 그들은 현재와 미래를 위해 전진하는 길만 남아있다고 생각했다. 2002년 12월에 프랑코 정권 희생자들에 대한 정부의 공식 사과를 묻는 질문에 호세 마리아 아스나르 총리는 "내가 사과해야 할 이유가 없다. 이행기의 역사는 화해의 역사이고, 우리는 그 토대 위에서 계속 작업을 해나가야 한다"고 대답했다. 우파는 과거사의 재론은 "오래된 상처를 덧나게 할 뿐"이라는 논리를 폈다. 그들이 즐겨 사용한 오래된 상처의 비유는 상처는 시간이 지나면 낫게 마련이라는 속담에서 따온 것이다. 우파는 1970년대 후반 전환시대의 논리를 여전히 답습하고 있었다.

　그런가 하면 일부 좌파들은 이행기가 불완전했고, 심지어는 그것에 결함이 있었다고 주장했다. 이들은 '침묵'의 정치가 민주주의를 훼손했다고 보고 협상에 의한 이행에서 '민주주의 결핍'의 원인을 찾았다. 사면과 망각을 결합하는 바람에 희생자들을 기리고 애도하며 희생자들의 기억과 명예를 회복하고 프랑코 정권의 권력 남용을 단죄할 기회를 잃어버렸다고 주장했다. 따라서 이제라도 프랑코 정권이 자행한 탄압의 역사를 조사해 널리 알리고 희생자들의 진상을 규명하며 희생자들에게 덮어씌운 누명을 벗겨주어야 한다고 했다. 이것이 역사기억을 회복하는 길이라는 것이다. 좌파가 즐겨 쓴 역사기억 회복의 비유는 우파의 오래된 상처의 비유만큼이나 널리 확산되었다. 역사기억 회복의 비유는 충격적인 기억들이 보존되어 있고 그 기억들을 복원해야 함을 암시한다. 회복이라는 개념은 회복해야 할 대상이 감추어져 있거나 상실되었거나 도난당했다는 사실을 전제한다. 그 대상을 되찾는 것이 정의로운 길이고 질서를 회복하는 길이라는 얘기이다. 따라서 좌파 정치인들은 시민사회 단체들의 기억회복 운동을 지지했다.

　당시 스페인 정계에서는 내전과 프랑코 체제 희생자들의 기억을 회복하려는 무리들과 그에 반대하는 무리들이 대립했다. 이들은 제2공화국의 선포를 기념하는 문제, 7월 18일의 군사반란과 프랑코 독재를 단죄하는 문제, 프랑코 사후에도 30년 동안이나 건재한 프랑코 정권의 상징물, 곧 도시에 건립된 기마상, 성당에 안치된 전몰장병 기념비, 거리명칭, 망자의 계곡 등의 처리 문제를 둘러싸고 대립했다.

사회노동당이 침묵 협정을 깨뜨린 것은 1993년으로 거슬러 올라간다. 사회노동당은 총선의 선거전에서 국민당을 프랑코 정권의 계승자라고 비난했다. 이는 과거사를 정치적으로 활용한 사례로 1980년대에는 없었던 일이다. 1995년에는 국제여단 생존자들에게 경의를 표하고 그들에게 스페인 국적을 제공하기로 결정했다. 1999년에는 의회 외교위에서 당시 집권당인 국민당의 반대에도 불구하고 1936년의 군사반란을 비난하는 결의안을 채택했다. 2002년에는 프랑코의 1936년 쿠데타가 반민주적 행위라고 비난하는 의회 성명서를 채택하고, 정치 폭력을 비난하고 내전과 독재 희생자들에 대한 도덕적 지지를 표명하는 의회 결의안을 가결했다. 일부 지방정부들은 무덤 조사와 발굴, 재매장을 위한 기금을 조성하고 내전과 프랑코 독재 희생자 진상조사위원회를 발족시켰다.

2004년 3월에 거둔 사회노동당의 총선 승리는 기억의 붐을 더욱 활성화시켰다. 다시 집권한 사회노동당은 내전과 프랑코 독재 희생자 진상 조사를 위한 범정부위원회를 구성했다. 이제 누가 희생자이고 어떤 보상을 해주어야 하며 희생자를 복권한다면 독재 정권하의 군사법정이 내린 판결을 어떻게 처리해야 하는지에 대한 논란이 벌어지기 시작했다. 마치 기억의 판도라 상자가 열린 듯했다. 2005년 4월 17일에는 마드리드 시 중심가인 누에보스미니스테리오스에 있던 프랑코 장군 기마동상이 철거되었다. 이러한 기억의 열병은 공화국 선포 75주년과 내전 발발 70주년이 되는 2006년에 정점에 달했다. 스페인 의회는 2006년을 '역사기억의 해'로 선포하는 법안을 승인했다. 기억을 덮어두기로 한지 30년이 지나 역사기억의 해가 공식적으로 선포된 것이다.

스페인 의회는 또한 내전과 독재 체제의 과거를 규명하자는 2006년 7월 28일자 각료회의의 결의에 따라 마련된 역사기억법을 통과시켰다. 법조문 1조 1항에 명시된 역사기억법의 목표는 "정치적인 이유나 이념적인 이유로 내전과 독재의 박해나 폭력에 희생된 자들의 인권을 인정하고 신장하며, 개인과 가족의 기억 회복을 증진하고, (…) 시민들의 분열을 방지할 조처를 취하는" 것이었다. 이제 내전과 프랑코 독재 희생자들의 진상을 규명할 길이 열리게 되었다.

하지만 국민당은 법의 전반적인 내용에 대해 반대의사를 표시했다. 법안의 통과에 대해서도 '불필요하고 위선적이며 법률과 상관이 없는 실책'이라고 비난했다. 역사기억법은 정부가 역사를 당파적으로 이용하려는 시도라고 잘라 말했다. 보수 언론인 ≪엘문도≫와 ≪아베세≫는 이 법을 두고 전환기의 약속을 어기고 1977년 합의의 기초를 문제 삼은 수정주의적 조처라고 비난했다. 특히 ≪아베세≫지는 사설에서 정부가 "국민을 현혹하고", "오래된 상처를 덧나게 해 나라를 불안에 빠뜨릴 뿐"이라고 비난했다. 정부가 역사기억의 판도라 상자를 열어 과거의 망령들을 다시 불러왔다는 언론들도 있었다.

이에 대해 일부 좌파는 우파가 '스페인 홀로코스트'의 진실을 가리려 한다고 반박했다. ≪엘파이스≫지는 "의회가 제2공화국을 기념하다"는 제목을 내걸고 법안에 지지를 표명했다. 그리고 법안에 오래된 상처를 자극한다는 비난을 살만한 내용이 없으며, 오히려 그 상처를 아물게 하는 데 도움을 줄 것이라고 평가했다. 그런가 하면 법안에 문제가 있다고 지적하는 좌파들도 있었다. 그들은 프랑코 정권이 내린 판결들을 폐지하지도 않았고 이행기에 마련된 처벌 면제 제도를 종식하지도 못했다며 반프랑코주의 영웅들에게 모욕을 주는 유감스럽고 창피스러운 법이라고 법안에 대해 불만을 표시했다.

이렇듯 일부 시민사회 단체들이 내전과 독재의 기억회복 운동에 발을 벗고 나섰고, 그에 따라 일부 정치인들도 기억회복을 위한 각종 조처들을 취하기에 이르렀다. 그렇다면 일이 이렇게 흘러오는 동안에 역사학계는 뭘 하고 있었을까?

수정주의와 역사학계의 반응

과거사를 다시 보기 시작한 1996년은 스페인 역사학계에서도 주목할 만한 해였다. 이때부터 내전의 기억 문제를 다룬 저작들이 등장하기 시작했다. 그 물꼬를 튼 저작이 바로 팔로마 아길라르의 『스페인 내전의 기억과 망각』이다. 여기에는 프랑스 역사가 피에르 노라를 비롯한 전문 역사학자들이 펴낸 저작 『기억의 장소』가 커다란 영향을 미쳤다. '기억의 역사'가 역사 연구의 주제로 떠오른 것이다. 아길라르의 책이 출판되고 2년쯤 지나서 학술지 『아예르』가 '역사와 기억'을 특집으로 다루었다. 2006년에는 내전의 기억에 관한 연구가 쏟아져 나왔다. 스페인 연구자들도 '역사기억'이나 '기억의 정치'에 주목하기 시작했다.

내전의 기억에 관한 연구가 시민사회 단체들이 주도하는 역사기억 회복 운동과 맞물리며 증폭되고 있을 때 보수주의 지식인들이 잠자코 있지는 않았다. 그들도 내전과 독재의 역사기억을 다시 만들기 시작했다. 그들은 서적과 영상물, 논문을 통해서 프랑코와 프랑코 정권의 업적을 옹호하고, 프랑코 정권의 억압적 성격을 완화하며, 프랑코 사후 스페인 학계를 지배해온 20세기 스페인 역사에 대한 자유주의적 해석과 진보적 해석을 비판하고 나섰다. 이른바 수정주의자들로 알려진 보수적 성향의 저술가와 언론인들, 곧 페데리코 히메네스 로산토스, 세사르 비달, 호세 마리아 마르코, 피오 모아 등이 그들이었다. 이들

〈그림 6.2〉 피오 모아

이 기존의 '공식' 해석에
도전장을 냈다.

수정주의를 대표하는
인물은 저술가이자 역사
가인 모아와 비달이다. 모
아는 워낙에 공산당과 반
파시즘저항단체(GRAPO)의
일원으로 활동하다가 혈
기 왕성한 28살의 나이에
저항단체에서 축출되면서

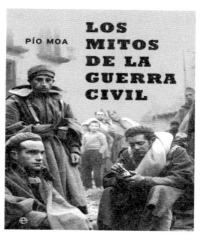

〈그림 6.3〉『내전의 신화』 책 표지

극좌파 노선을 버리고 보수주의로 돌아선 인물이다. 그가
1999년에 『스페인 내전의 기원』을 출간하면서부터 지금까지
매년 한두 권의 책을 내면서 수정주의자들의 대표 주자로 떠
올랐다. 그의 대표 저서 『내전의 신화』는 출간 첫 해에 15만
부가 팔렸고, 다음 2년 동안 10만 부가 더 팔려나갔다. 당시의
출판 시장을 고려할 때 수정주의에 대한 대중들의 반응이 가
히 폭발적이었다고 할 수 있다. 하지만 수정주의에 대한 주류
역사학자들의 시선은 곱지 않았다. 일부 역사학자들이 모아의
테제를 비판하고 나섰고, 그 비판은 마침내 스페인 현대사 해
석을 둘러싼 논쟁으로 비화되었다.

수정주의자들이 주로 문제 삼는 스페인 현대사는 제2공화
국과 내전, 프랑코 독재 시기이다. 그들은 이 시기에 대해 프

랑코 사후에 공식화된 기존의 해석과 다른 의미를 부여했다. 그들은 스페인 내전이 제2공화국의 실패에서 비롯된 것이고 내전은 공산주의자들의 음모를 무너뜨리기 위한 정당한 전쟁이었으며 프랑코는 민주주의와 자유주의 체제를 가능하게 만든 인물이라는 해석을 내놓았다.

수정주의 논지를 잘 요약해준 저서는 모아가 저술한 『내전의 신화』이다. 자신의 저서가 내전을 다룬 체계적 역사서가 아니라 기존의 역사서술이나 선전 속에서 신화화된 주요 사건이나 인물을 비판적으로 검토하는 책이라고 밝히면서 모아는 당시 사건들의 주역이 내린 결정과 실제 의도를 파헤치는 데 관심을 기울였다.

그는 먼저 반동적인 과두세력이 자신들의 특권을 상실할지 모른다는 두려움 속에서 공화국에 반기를 들고 음모를 꾸몄다는 기존의 주장을 배격하면서 그들이 "공화국 수립을 방해하기는커녕 중용과 준법정신을 장려했으며 좌파의 무장반란에 맞서 민주주의와 법을 수호했다"고 주장했다. 또한 스페인 자치우익연합이 중도 정부 내각에 참여하기로 하자 좌파가 반대를 하고 나섰고, 그렇게 해서 불거진 갈등이 "삽시간에 스페인 역사의 향방을 결정지을 중대 분쟁으로 비화되었다"고 지적했다. 당시 공화좌파와 '카탈루냐 분리주의'의 '도덕적 지원'을 받은 사회노동당이 불법적인 반란을 주도했는데 그 반란의 유일한 목적은 다름 아니라 스페인의 공산화였다고 주장했다.

모아는 이런 의미에서 1936년 7월의 군사반란을 "공화국 출범 초기부터 시작된 반공화주의 반란이 아니라 우파는 물론이고 좌파 정치인들 일부도 참을 수 없다고 판단한 심각한 사태에 대해 들고 일어난 봉기"라고 규정했다. 내전 발발의 책임은 의심할 나위 없이 "경기 규칙을 어기고 체제를 내전으로 몰아간 좌파들"에게 있다고 했다. 반면에 보수주의자들은 상호 충돌을 피하면서 "삶과 죽음의 갈림길에 이르도록 위협의 도가 심해질 때까지 더러는 비겁하리만치 온건한 태도를 유지했다"면서 그들을 치켜세웠다.

모아는 내전이 "프랑코에게 무조건 항복할 것인지 아니면 스탈린에게 굴복할 것인지를 선택"하는 전쟁이었다고 했다. 소련이 공화 진영을 '보호령'으로 삼고 스페인의 재원을 탈취하여 모스크바에 가져가려고 했다는 것이다.

마지막으로, 모아는 프랑코 정권을 매우 긍정적으로 평가했다. 그는 프랑코 정권이 자유주의 체제도 아니고 민주주의 체제도 아니지만 권위주의적 추진력으로 오늘날의 자유 민주 사회를 낳았다면서 이렇게 말했다.

"프랑코 체제를 공화국과 오늘날의 민주 사회 사이에 위치한 어두운 공백기로 파악해서는 안 된다. 왜냐하면 오늘날의 민주 사회가 프랑코 체제에서 비롯되었기 때문이다. 게다가 우리 사회의 안정성은 프랑코 정권이 창출한 사회와 경제에 기반을 두고 있다. 프랑코 정권은 사회적 긴장을 순조롭게 잘 해결해냈다."

모아는 결국 프랑코 정권이 정당한 정권이었다는 결론을 내렸다.

"내가 『한 시대와 한 나라』에서 이미 지적한 것처럼, 프랑코의 내전 승리는 혁명의 충격에서 스페인을 구출한 것이고, 그의 정권은 세계대전에서 나라를 구하고 사회를 근대화시켰으며 안정된 민주 사회를 위한 여건을 조성했다. 나는 이것이 과장이라고 생각하지 않는다. 최근 들어 프랑코를 비판하는 세력이 프랑코 정권의 부정적 요소와 흉흉한 이미지들을 발굴해냈다. 하지만 최종 평가는 매우 긍정적이다. 오늘날 근거도 없는 비판들 대다수가 마치 틀림없는 진실인양 떠돌아다니고 있다."

이러한 수정주의 논지가 최근 들어 갑자기 생겨난 것은 아니다. 그것은 프랑코주의 역사서술에 연원을 두고 있다. 대표적인 프랑코주의 역사가로 호아킨 아라라스와 마누엘 아스나르, 에두아르도 코민 콜로메르, 리카르도 델라 시에르바를 들 수 있다. 아라라스는 제2공화국이 혁명가들과 프리메이슨에 포획된 노예 국가였고 1936년의 군사반란은 조국을 위기에서

구출할 유일한 구명줄이었다고 주장했다. 그는 심지어 군사반란을 십자군 전쟁에 비유했다. 1996~2004년에 총리를 지낸 호세 마리아 아스나르의 조부가 되는 마누엘 아스나르도 '십자군 전쟁'의 신화를 널리 유포시켰다.

프랑코 정권 최대의 역사가인 코민 콜로메르는 스페인을 대적하는 반스페인 음모의 기원이 1876년에 설립되는 진보적 교육기관인 자유교육원으로까지 거슬러 올라간다는 명제를 내놓았다. 그는 가톨릭교의 교육 헤게모니에 반기를 든 자유교육원을 문화면에서 프랑코 정권에 제일 큰 위협이 되는 적으로 간주했다. 코민 콜로메르는 민족의 쇠락과 내전의 책임을 제3인터내셔널과 국제비밀결사에게 돌리면서 일부 장군들이 일으킨 '봉기'를 이념적으로 정당화했다. 군사반란이 좌파들이 조장한 혼란과 무질서 상태를 해결하기 위한 '정당하고도 불가피한 봉기'였다는 것이다.

이러한 군사반란의 이념적 정당화에 힘을 실어준 것은 다름 아니라 가톨릭교회였다. 톨레도 대주교이자 스페인의 수석사제인 추기경 이시드로 고마는 일찍이 1936년 8월 13일자 교황청 보고문에서 봉기를 '최근 5년간 나라를 마르크스주의와 공산주의의 심연으로 이끌고 간 정부의 입법조치에 대항하여 들고일어난, 민족의식과 애국심으로 불타는 강력한 시위'라고 정당화하고, 내전을 '스페인과 적(敵)스페인, 종교와 무신론, 기독교 문명과 야만 문명'의 전쟁이라고 규정했다.

프랑코주의 역사서술의 마지막 주자는 라 시에르바이다. 프랑코 정권 시절 정보관광부 산하에 설치한 역사연구실의 실장을 맡아서 정권의 정당화 작업에 착수한 '공로'로 '프랑코 정권의 공식 역사가'로 불린 라 시에르바는 프랑코가 스페인의 민주화를 가능하게 만들었다는 주장을 펼쳤다.

이상에서 살펴본 아라라스와 아스나르, 코민 콜로메르, 라 시에르바가 바로 수정주의의 선구자들에 해당한다. 수정주의는 이들의 저작 내용과 명제에 기반을 두고 있다. 이런 점에서 수정주의는 프랑코주의 역사서술이 부활한 것이라고 보아도 무방할 것이다.

수정주의자들의 논지에 대해 상당수의 대중들이 상당히 호의적인 반응을 보인 반면에 역사학자들은 대체로 비판적 입장을 보였다. 특히 좌파 역사학자들이 그러했다. 그런가 하면 수정주의자들을 지지하는 역사학자들도 없지는 않았다.

좌파 역사학자들이 수정주의를 비판하는 내용은 대체로 다음 세 가지이다. 첫째로, 프랑코 사후에 진행된 역사 연구 결과와 배치된다. 둘째로, 사료를 무시하고 있다. 셋째로, 프랑코주의 역사가들의 견해와 일치한다.

역사학자들 대다수가 이렇듯 수정주의의 논지를 비판하고 있지만 그것을 긍정적으로 평가하는 학자들도 등장했다. 호세 마누엘 쿠엥카 토리비오와 스탠리 페인, 마누엘 알바레스 타르디오, 루이스 아란스가 그들이다. 이들 가운데 미국 역사학자페인은 모아의 든든한 '후원자'이다. 그는 모아의 저서 『1934년. 내전의 시작』의 서문을 써주었고, 공화국의 몰락에 관한 최신 내용을 종합하는 자신의 저서에다 그 내용의 일부를 인용했다. 그는 여기에 머무르지 않고 공동 인터뷰와 신문기고 등을 통해 모아가 쓴 저서들의 학술적 가치를 인정하고 존중해주었다. 한 잡지에 기고한 글에서 그는 모아를 이렇게 치켜세웠다.

"다섯 권의 연구서에서 모아는 최근 연구와 매우 신중한 사료 분석에 토대를 둔 새로운 해석을 내놓았다. 이는 정치적으로 올바른 관념에 도전하고 대학과 대중매체를 지배하는 선입관들을 명백히 드러내준다. 이따금씩 유려한 표현을 구사하는 모아의 글 솜씨는 생생하고도 탁월하다. 그가 내린 결론은 그 자체로 의미심장하며 논란의 대상이 되지 않는다."

페인은 더 나아가 사료를 무시하고 있다는 좌파 역사학자들의 비판을 염두에 두면서 "모아가 관련 참고자료를 모두 활용했고 중요 사료도 적잖게 조사했다"고 지적했다. 그리고 결론을 대신해서 "1934년 혁명이 도저히 극복할 수 없고 마침내 내전으로 분출하게 되는 대립의 심연을 열어젖혔다"고 서술했다.

하지만 모아의 저서들을 긍정적으로 평가한 역사학자들은 사실 소수에 불과하다. 그에 대한 긍정적 평가는 대체로 정치학자들에게서 나왔다. 모아가 1999년에서 2001년에 걸쳐 저술한 공화국 3부작, 곧『스페인 내전의 기원』,『공화국의 주요 인물들』,『제2공화국의 붕괴와 내전』을 높이 평가한 알바레스 타르디오와 루이스 아란스가 그들이다. 이들은 모아의 논지를 퓌레나 놀테로 대표되는 유럽 수정주의의 맥락에서 파악한다. 이들은 모아가 내놓은 '상품'의 품질이 퓌레나 놀테의 그것보다 떨어지는 점을 인정하면서도 1934년 10월과 1936년 7월 18일이 연결되어 있다는, 다시 말해서 내전이 1934년 10월 혁명에서 비롯되었다는 연속론 테제는 타당하다고 보았다. 아란스는 모아가 스페인의 주류 역사학을 '진보주의' 역사학으로 규정하고 그것을 마르크스주의와 유물론의 낡은 틀에 갇혀 있는 경직되고 정체된 전통으로 파악한다는 점을 높이 샀다.

'수정'은 '정통'을 전제로 한 것이다. 수정주의자들이 '정통'으로 간주한 것은 스페인 현대사에 대한 좌파적 해석이었다. 좌파적 해석의 골자는 제2공화국에서 시작된 근대화의 움직임이 군사쿠데타와 내전, 프랑코 독재로 억압되었다가 프랑코 사후에 되살아났다는 내용이다. 이것이 민주주의 이행기에서부터 오늘에 이르기까지 스페인 사회를 지배한 해석이자 담론이었다.

그런 와중에 이런 좌파적 해석은 이분법적이고 교조적인 분석에 불과하다는 문제를 제기하며 제2공화국과 내전, 프랑코 정권에 대한 기존 해석을 '수정'하는 자들이 등장했다.

1990년대 말 무렵에 그 윤곽을 드러내기 시작한 이 수정주의는 한마디로 말해서 제2공화국의 실패에서 내전이 비롯되었고 내전은 공산주의자들을 몰아내기 위한 전쟁이었으며 내전에서 승리한 프랑코가 민주주의와 자유주의 체제를 만드는 데 기여했다는 주장이다. 이는 내전과 프랑코 독재 하에서 전개된 프랑코주의 역사서술과 여러 가지 면에서 닮았다. 이런 수정 해석이 고개를 든 데는 세대교체와 국내외 정치 상황의 변화, 역사기억 회복 운동의 출현, 보수 우파들의 정치적 관심이 크게 작용했다.

이런 변화들로 말미암아 생겨난 역사 수정주의 현상에 대해 기존 역사학계는 애초에 별다른 관심을 기울이지 않았다. 일부 학자들이 관련 서적과 글을 통해 대응하기 시작한 것은 수정주의가 대중매체에서 상당한 호응을 얻게 되면서부터였다. 바야흐로 스페인 현대사 해석을 둘러싼 논쟁이 벌어진 것이다.

제7장 일본의 과거사 인식과 수정주의

일본제국의 식민지 지배와 전쟁

'천황'을 국가 원수로 받드는 제국주의 시대 일본을 일컫는 일본제국은 왕정복고로 메이지 정부를 수립한 1868년부터 일본국 헌법이 발효된 1947년까지 이어진다. 기존의 막부를 타도하고 들어선 메이지 정부는 일련의 개혁을 단행하고 부국강병의 기치 아래 서구의 근대국가를 모방하는 근대화를 시도했다. 그 결과 정치적으로는 입헌정치와 경제적으로는 자본주의를 기반으로 하는 근대적 통일국가를 이룩했으며 아시아에서 제일 부유한 나라로 부상했다.

이른바 메이지 유신을 단행한 일본제국은 서구에 대해서는 수용적 태도를 보였지만 아시아 여러 나라들에 대해서는 제국주의적 침략을 일삼았다. 1894년에는 청일 전쟁을 일으키고 1904년에는 러일 전쟁을 도발하더니 1910년에는 마침내 대한 제국을 무력으로 병합했다. 청일 전쟁에서 승리한 일본제국은 타이완을 점령하고 조선에 대한 영향력을 확보했다. 일본의 제국주의 정책은 러일 전쟁의 승리와 더불어 더욱 노골화되었다. 밀약을 통해 영국과 미국에게서 조선의 지배를 인정받은 일본제국은 1905년에 대한제국과 강제로 을사늑약을 체결하고 대한제국의 외교권을 박탈했다. 1907년에는 고종을 강제 퇴위시키고 내정권을 박탈했으며 군대를 강제 해산했다. 1910년에는 한반도에 식민 통치를 위한 총독부를 설치하고 총독을 파견했다. 1945년까지 이어지는 일제강점기가 이렇게 시작되었다.

1914년에 제1차 세계대전이 발발하자 일본제국은 연합국 측에 가담하여 참전했다. 영국과 체결한 영일 동맹을 이유로 참전한 것이지만 그 속셈은 자국의 지위를 향상하고 국제적 발언권을 강화하는 데 있었다. 그 결과 아시아의 강대국으로 급부상했다.

제1차 세계대전 중에 비약적으로 발전한 일본제국의 자본주의는 1923년에 간토 대지진과 1929년에 발발한 세계 대공황으로 위기에 봉착하게 되고 경제 불황이 심화되었다. 국민들의 불만을 등에 업은 일부 극우 보수 세력과 청년 장교들이 암살과 쿠데타를 일으키고 제국주의적 무력침략을 감행했다. 1931년에 관동군 주도로 일으킨 만주사변이 이에 해당한다. 1932년에 군인 출신의 사이토 마코토가 총리에 오르면서 정치에 개입하기 시작한 일본제국의 군부는 1936년에 들어와 내각을 좌우하기에 이르렀다.

일본제국의 대륙 침략 야욕은 1931년에 중국의 동북지방을 점령하고 건설한 식민지에 머무르지 않았다. 1937년에는 중국 내륙 침략을 위해 중일 전쟁을 일으켰다. 베이징과 톈진을 점령한 일본군은 상하이로 진격하고 수도인 난징마저 점령했다. 그들은 난징과 그 주변에서 무고한 시민 수십만 명을 잔인하게 살육하고 부녀자를 강간했다.

1940년 7월에는 일본제국이 '대동아 신질서 건설'을 주창하며 중일 전쟁의 전선을 동남아시아로 확대했다. 그해 9월에는 독일, 이탈리아와 군사동맹을 체결하고 프랑스와 네덜란드가 보유하고 있던 동남아시아 식민지들을 빼앗는 남진 정책을 추진했다. 일본군은 말레이 반도와 버마, 타이, 네덜란드령 동인도 제도, 필리핀 등을 점령하며 연합군에게 타격을 가했다. 1941년 12월에는 미국 해군이 주둔하던 하와이의 진주만을 기습해 2차 세계대전의 일부가 되는 태평양 전쟁을 시작했다. 이제 전선은 태평양으로 확대되었다.

일본제국 정부와 군부는 결사항전을 감행했지만 미군의 원자폭탄 투하와 소련군의 만주 침공을

〈그림 7.1〉 일본의 항복문서 서명

감당해낼 수 없었다. 1945년 8월 15일 쇼와 일왕이 마침내 무조건 항복을 선언했다. 그해 9월 2일 도쿄 만에서 일본 국왕 측 대표와 연합국 측 대표가 항복 문서에 공식 서명을 했고 그와 더불어 제2차 세계대전이 막을 내렸다. 일본제국의 식민지와 점령지는 해방을 맞이했고, 일본제국은 연합군의 군정을 거쳐 공식 해체되고 1947년에 일본국으로 다시 태어났다.

이렇게 역사의 뒤안길로 사라진 일본제국은 제2차 세계대전의 동맹국인 나치 독일이 자행한 것과 마찬가지로 일본 자국에서는 물론이고 식민지와 점령지를 포함한 아시아 지역에서 조직적인 반인륜 범죄를 저질렀다. 일본의 식민 지배를 받아온 조선인들은 '황국신민'이라는 이유로 전쟁에 동원되어 희생을 당했다. 원폭 투하 당시 히로시마에 거주하던 조선인들 6만 명 가운데 2만여 명이 사망하고 나가사키에서는 1만2천 명에서 2만 명 정도의 조선인들이 피폭당한 것으로 알려졌다. 중국인들의 피해는 이루 말할 수 없을 정도였다. 1937년에서 1945년에 이르는 불과 몇 년 사이에 군인 사상자와 민간인 사상자가 각각 562만 명과 135만 명 정도 발생했다. 일본인들의 인명 피해도 적지 않았다. 태평양 전쟁에서 사망한 일본인 군인과 군무원이 2백여 만 명에 이르고, 오키나와 전투에서 희생된 주민이 15만 명 정도이며, 원폭에 의한 사망자 수가 20만 명에서 24만 명에 달하는 것으로 추산된다. 일본군은 또한 여성들을 강제 동원하여 성적 노동을 전담하는 위안부로 삼았다. 초창기에는 일본, 조선, 타이완 출신 여성들을 동원했지만, 점령지가 확대되자 중국, 필리핀, 타이, 베트남, 말레이시아, 인도네시아 등지의 여성들도 대상으로 삼았다. 위안부로 강제 동원된 여성들은 성노예 생활을 강요당했다.

이러한 일본제국의 식민지 지배와 전쟁을 일본인들은 어떻게 기억할까? 그들의 기억이 한결같지는 않았다. 미군정기에는 일본의 군국주의적 침략을 암시하는 '태평양 전쟁론'을 수용하는 경향을 보이더니, 1950년대 들어서는 일본의 아시아 침략을 미화하는 '대동아 전쟁론'을 다시 주장하기 시작했고, 1990년대에는 급기야 전쟁의 책임을 부정하고 일본 국민의 자부심을 회복하려들었다. 이른바 수정주의 역사인식이 대중 속을 파고들었다.

'태평양 전쟁론' 수용

1945년 8월 15일 정오에 쇼와 일왕 히로히토가 종전을 알리는 조칙을 발표했다. 조칙의 요지는 일본이 더 이상 연합국에게 피해를 입고 괴멸되지 않도록 평화를 선택한다는 내용이었다. 종전 이후 연합국은 대일점령 정책을 추진하기 위해 연합군최고사령부를 설치했다. 이 연합군최고사령부는 미국이 사실상 최고 권력을 장악한 미국의 기관이나 다름없었다. 연합국과 일본이 체결한 평화조약, 곧 샌프란시스코 강화조약이 발효되는 1952년까지 6년여의 기간을 미군정기라고 부르는 이유가 여기에 있다.

미군정기의 일본은 일본제국주의를 재평가해야 할 처지에 놓였다. 이때 재평가 작업을 미군정과 진보세력이 주도했다. 미군정은 점령 직후에 점령 정책의 기본 방침을 천명했다. 그 가운데 하나가 '무책임한 군국주의' 권력과 세력을 영원히 제거하는 것이었다. 이러한 기본 목표를 실현하기 위해 미군정은 일본의 역사 인식을 개혁해나갔다.

그들의 역사 인식 개혁은 크게 두 가지로 추진되었다. 먼저 소극적으로는 역사를 일본 '천황' 중심의 국가주의적 관점에서 바라보는 '황국사관'을 금지했다. 기존의 절대주의적 '천황제'가 군국주의를 지탱한 핵심 요소라고 파악했기 때문이다. 이를 위해 그들은 '황국사관'에 입각한 역사교육을 재검토했다.

이어서 적극적으로는 '태평양 전쟁론'을 수립하여 일본제국주의에 대한 비판적 인식의 기반을 마련했다. 일본은 태평양 전쟁을 '대동아 전쟁'이라고 불렀다. 서구 열강의 침략을 물리치고 일본의 자위와 아시아의 공영을 보장하기 위한 전쟁이라는 의미에서였다. 그 전쟁이 침략을 위한 전쟁이 아니라는 얘기였다. 이에 미군정은 각종 공문서에서 '대동아 전쟁'이라는 명칭 대신에 태평양 전쟁이라는 명칭을 사용하도록 강제했다. 연합국이 사용해온 태평양 전쟁이라는 용어는 전쟁이 벌어진 지역에서 따온 명칭이지만 그 속에는 평화와 민주주의를 수호하기 위한 '반파시즘 전쟁'의 의미가 담겨 있었다.

미군정은 이러한 의미의 '태평양 전쟁론'을 수립하기 위해 1945년 12월에 태평양 전쟁사를 다룬 기사를 각 신문사에 제공하여 연재하게 했다. 그와 비슷한 시기에 라디오 방송을 통해서는 일본인들에게 전쟁의 부당성과 실상을 알렸다. 이러한 일련의 조치로 '태평양 전쟁'이라는 용어가 일반화되고 '태평양 전쟁론'이 널리 퍼졌다.

당시 일본 정부는 미군정의 강요 하에 '태평양 전쟁론'을 공식 수용했다. 패전 직후 '대동아 전쟁'의 정당성을 주장하던 정부의 입장을 삽시간에 바꾼 것이다. 미군정의 강요에 의한 일본 정부의 입장 변화와 달리 일본 내 진보세력은 스스로 일본제국주의를 비판하기 시작했다. 그들은 '황국사관'이 비과학적이고 비합리적이라며 그것을 대신할 '과학적이고 합리적인 역사의 확립'을 요구했다. 역사학연구회와 민주주의과학자협회 등 진보적 연구단체들의 움직임도 활발했다. 이들은 '태평양 전쟁론'을 적극 수용하면서 일본제국주의의 침략적 성격을 강하게 비판했다.

하지만 일본 정부와 진보세력의 '태평양 전쟁론' 수용에는 한계가 있었다. 어쩌면 '태평양 전쟁론'에 내재된 것일 수도 있는 이 한계점은 그들이 일본의 아시아 식민지 지배에 대해서는 무관심하거나 소극적이었다는 것이다. 이것이 도쿄 재판(1946년 5월~1948년 11월)에서 잘 드러났다.

전범자들의 전쟁 책임을 추궁한 도쿄 재판은 독일의 뉘른베르크 재판과 달리 반인륜 범죄를 다루지 않았다. 미국이 주도한 도쿄 재판은 태평양 전쟁의 책임을 육군 수뇌부에게 돌리고 희생을 당한 아시아인들의 목소리는 염두에 두지 않았다. 일왕의 책임을 면제해주고 식민지 지배 하에서 자행된 위안부와 강제연행 등의 반인륜 범죄들은 거론조차 하지 않았다. 여기에는 두 가지 이해관계가 작용한 것으로 보인다. 첫째는 일본 정부와 군부의 이해관계이다. 전후 일본의 생존전략을 '천황제'의 유지에서 찾은 이들은 최대 전범인 일왕 대신에 전쟁 책임자로 육군 수뇌부를 지목하여 고발했다. 둘째는 미군정의 이해관계이다. 일왕을 정치적으로 이용하려 한 미군정의 이해가 '천황'을 옹호하려는 일본 정부 및 군부의 이해와 맞아떨어졌다. 더 나아가 소련과 대립하는 냉전이 시작되면서 일본을 반공의 전진기지로 활용할 필요가 생긴 미국은 자신들의 의사를 충실히 수행할 집단을 창출하는 데 관심을 기울였다. 그 결과 미국에 충실한 일본 보수정치인 집단이 생겨났다. 1948년부터 1954년까지 내각총리대신을 지내게 되는 요시다 시게루가 바로 이 집단의 대표적 인물이다. 이들은 전쟁의 모든 책임을 군부에 돌리면서 동아시아 침략과 식민지 지배에 대한 반성은 하지 않았다.

'대동아 전쟁론' 재등장과 진보와 보수의 대립

1950년대 들어 다시 부상하기 시작한 보수적 역사 인식이 샌프란시스코 강화조약을 체결할 무렵에 더욱 뚜렷하게 나타났다. 앞서 살펴본 대로 미군정기의 일본 정부는 '태평양 전쟁론'을 수용하고 그에 따라 일본제국주의를 비판적으로 평가했다. 하지만 이것은 어디까지나 외부세력에 의해 강요된 것이었고, 따라서 불완전했다. 강화조약 체결을 전후로 하여 일본제국주의의 정당성을 옹호하는 움직임이 일본 사회에 다시 등장하게 된 이유가 여기에 있다. 특히 1952년에 주권을 회복한 이후 일본 사회에서는 군인들의 전쟁기록물이 나돌았다.

당시 유행한 전쟁기록물 가운데 대표적인 것이 1965년에 출간된 『대동아 전쟁 전사』이다. 각 전역의 참모장교들이 분담 집필한 내용을 정리한 이 책은 제목에서 알 수 있다시피 미군정이 금지한 적이 있는 '대동아 전쟁'이라는 전쟁 명칭을 사용하면서 '태평양 전쟁론'을 간접적으로 비판했다. 이 책은 상당 부분이 '대동아 전쟁론'에 입각하여 서술되었다.

일본인 평론가 하야시 후사오는 한걸음 더 나아가 자신이 월간잡지 『중앙공론』에 연재한 글을 묶어 1965년에 『대동아 전쟁 긍정론』을 출간했다. 그는 이 책에서 더욱 적극적이고 공세적인 방식으로 전쟁의 정당성을 옹호했다. 후사오에 따르면 근대 일본의 역사는 서구의 침략에 맞서 아시아를 지키는 과정이었고, '대동아 전쟁'은 미국에 맞서 아시아를 지키기 위한 전쟁이었다. 이렇게 '대동아 전쟁론'이 다시 등장했고 그것을 둘러싼 찬반 논쟁으로 일본 사회가 달아올랐다. 전후 일본의 역사 인식을 연구한 함동주 교수가 지적했다시피 우리는 이를 통해서 '태평양 전쟁론'이 소멸한 것은 아니지만 일본제국주의를 긍정적으로 바라보는 시각이 일본 사회 내에서 상당한 위력을 발휘하고 있었음을 짐작할 수 있다.

일본 사회는 이제 일본제국주의의 침략적 성격을 비판하는 진보세력과 그것을 긍정적으로 바라보는 보수세력이 대립하는 양상을 보였다. 이것이 1960년대 들어 일본 근현대사 개설서인 『쇼와사』의 역사서술을 둘러싸고 벌어진 '쇼와사 논쟁'으로 표출되었다. 당시 역사가는 물론이고 문학자와 평론가들이 보수와 혁신으로 나뉘어 대립했다. 또한 1951년부터 1965년까지 전개된 한일 양국의 국교정상화를 위한 한일회담을 둘러싸고도 이러한 대립이 나타났다. 일본 정부는 한국에 대한 식민지 지배에 대해 일본이 책임질 이유가 없다는 입장을 취한 데 반해 진보세력은 식민지 지배의 책임문제를 거론하며 일본 정부의 정책을 비판했다. 하지만 여기서 진보세력이 이 문제를 거론했다고 해서 식민지 지배를 둘러싼 그들의 역사 인식이 종전과 크게 달라졌다고 보아서는 안 된다. 그들이 그렇게 한 것은 어디까지나 미국에 의존하는 일본 정부의 대외정책을 비판하기 위함이었다.

그러나 진보와 보수의 대립, 곧 과거사를 둘러싼 갈등이 냉전 체제 하에서는 그렇게 심한 편이 아니었다. 1950년대 후반부터 시작된 고도의 경제성장도 그 갈등을 완화하는 데 한몫을 한 것으로 보인다. 일본이 1960년대 후반 들어 세계 제2위의 경제대국이 되자 일본인들의 자부심은 대단했다. 게다가 완전고용에 가까울 정도로 실업률이 낮아지고 기업복지가 확대되면서 중류사회의 이미지가 형성되었다. 1973년 오일쇼크 이후의 저성장 시대에도 일본 경제는 안정 성장을 유지했다.

역사인식 논쟁과 무라야마 담화

하지만 1990년을 전후하여 냉전이 해체되고 일본의 거품경제가 붕괴되기 시작했다. 한편으로는 한국과 일본 양국의 '접착제' 구실을 한 냉전이 종식되자 두 나라 사이에 역사 문제가 다시 부상했다. 특히 1991년 8월에 김학순 할머니가 일본군 위안부 문제를 공개적으로 들추어내면서 과거사 문제가 새롭게 분출되기 시작했다. 다른 한편으로는 일본 경제가 위기에 봉착하면서 일본의 정치사회 문제가 드러났고, 급기야 1993년에는 40년 가까이 지속된 자민당 1당 우위체제가 붕괴되기에 이르렀다. 위안부의 강제성을 인정한 고노 담화와 호소카와의 '침략전쟁' 발언, 태평양 전쟁 당시 일본의 식민지 지배를 공식적으로 사죄한 무라야마 담화는 바로 이러한 맥락에서 제기된 것이다.

먼저 1993년 8월 4일에 발표된 고노 담화는 '위안부 관계 조사결과 발표에 관한 고노 내각관방장관 담화'를 줄여서 부

〈그림 7.2〉 일본 정부의 역대 담화

른 말이다. 위안부의 증언을 토대로 위안부 문제를 조사한 일
본 정부가 보고서를 내고 성명을 발표했다.

"장기간에 또한 광범한 지역에 걸쳐 위안소가 설치되
어 수많은 위안부가 존재했다는 것이 인정되었다. 위안소
는 당시의 군 당국의 요청에 의해 설영된 것이며, 위안소
의 설치, 관리 및 위안부의 이송에 대해서는 구 일본군이
직접 혹은 간접적으로 관여하였다. 위안부는 군의 요청을
받은 업자가 주로 모집하였으나 이 경우에도 감언과 강
압에 의하는 등 본인들의 의사에 반하여 모집된 사례가
많이 있으며, 더욱이 관헌 등이 직접 이에 가담하였다는
것이 명확하게 되었다. 또한 위안소 생활은 강제적인 상

태 하에서 이루어진 참혹한 것이었다."

이렇듯 위안부의 강제성을 인정한 고노 담화는 일본인 반대세력의 거센 반발을 야기하였다. 고노 담화를 일본 국내에 역사인식 논쟁을 촉발시킨 전환점으로 보는 이유가 여기에 있다.

한편 1993년 8월에 일본신당 대표 호소카와 모리히로가 총리를 맡고 자민당 탈당세력인 신생당, 일본사회당, 신당 사키가케 등과 연립정권을 수립했다. 이들 연립여당은 태평양 전쟁을 일본의 '침략행위'로 받아들였다. 그들은 한걸음 더 나아가 일본이 국제사회에서 적극적인 역할을 수행하려면 아시아 국가들과 신뢰를 회복해야 하는데 이를 위해서는 과거사에 대한 사죄가 필수적이라는 인식을 하고 있었다. 특히 사회당은 식민지 지배에 대한 반성을 주문했다. 그 해 8월 10일 총리 취임 직후 가진 기자회견에서 호소카와는 개인적으로는 태평양 전쟁이 '침략전쟁'이며 '잘못된 전쟁'이라고 인식하고 있다고 밝혔다. 이러한 '침략전쟁' 발언이 일본 국내에서는 역사인식 논쟁을 본격화시켰고 국외에서는 한국을 비롯한 아시아 국가들이 전후보상을 요구하는 계기를 제공해주었다. 거대 야당으로 전락한 자민당의 중의원과 참의원 대다수는 태평양 전쟁이 '침략행위'라는 데 반대하고 식민지 지배의 피해를 인정하지 않았다.

정치자금 스캔들에 휘말린 호소카와 정권은 곧 막을 내리고 1994년 6월에는 자민당과 사회당이 사키가케와 더불어 무라야마 연립정권을 수립했다. '침략행위' 반대세력이 주류인 자민당이 연립여당을 구성하면서 역사인식 논쟁의 전선이 더욱 복잡해졌다. 야당과의 사이에서는 물론이고 연립여당 내에서도 논쟁이 전개된 것이다. '대동아 전쟁론'을 주장하고 난징대학살을 부정한 1994년 5월의 나가노 법상의 발언과 침략전쟁을 미화한 1994년 8월의 사쿠라이 신 환경청장관의 발언, 자위전쟁을 주장한 1995년 3월의 오쿠노 세이스케 전 법상의 발언, 한일 병합이 합법적이라고 주장한 1995년 6월의 와타나베 미치오 전 외상의 발언, 침략전쟁을 부정한 1995년 8월의 시마무라 요시노부 문부성 대신의 발언 등 반대세력의 발언이 잇따르자 역사인식을 명확히 해야 한다는 요구가 일본 국내외에서 제기되었다. 이것이 1995년에 전후 50주년 국회(중의원) 결의(이하 '부전 결의') 채택 여부의 논란으로 이어졌다.

무라야마 정권 출범 이후 '부전 결의'를 추진하는 움직임이 활발해지자 반대세력은 호소카와의 '침략전쟁' 발언에 '역사검토위원회'를 결성하여 대응한 것처럼 '전후 50주년 국회의원연맹'(이하 '50주년 의원연맹')과 '올바른 역사를 전달하는 의원연맹'(이하 '올바른 역사 의원연맹')을 결성하여 저항하였다. 그런가 하면 사회당은 결의안에 '침략행위'는 물론이고 '식민지 지배'도 포함시켜야 한다고 압박했다.

결국 '역사를 교훈으로 평화에의 결의를 새로이 하는 결의'라는 제목의 결의안이 1995년 6월 9일에 국회에서 가결되었다. 그 골자는 "세계의 근대 역사상에서 수많은 식민지 지배나 침략적 행위를 생각해서, 우리나라가 과거에 행한 이러한 행위나 다른 나라 사람, 특히 아시아 여러 나라의 국민께 준 고통을 인식하고, 깊은 반성의 뜻을 표명"하며 "일본국 헌법에서 표방한 항구 평화의 이념 하에, 세계 나라들과 손을 잡고 인류가 공생할 수 있는 미래를 열겠다는 결의"를 표방한다는 내용이었다. 이러한 '부전 결의'가 출석의원 과반수가 지지하여 국회에서 가결되기는 했지만 찬성자가 전체 의원의 과반수에는 미치지 못했다. 따라서 그 결의가 국민의 뜻을 반영한 것이라고 보기 어렵게 되었다. 반대세력은 물론이고 더욱 명확한 사죄를 요구하는 의원들마저 표결에 참여하지 않았거나 반대의사를 표시했기 때문이다.

총리담화의 형태로 역사문제를 매듭짓고자 한 무라야마는 '침략' 및 '식민지 지배' 등의 주제어를 중심으로 담화문을 작성하게 하고 각료 전원의 조율 작업을 거쳐 그것을 발표했다. 그는 이 담화에서 "식민지 지배와 침략으로 아시아 여러 나라의 국민들에게 많은 손해와 고통을 줬다. 의심할 여지없는 역사적 사실을 겸허하게 받아들여 통절한 반성의 뜻을 표하며 진심으로 사죄한다"고 발표했다. 이에 대해 미국을 비롯한 일본의 우방국들은 물론이고 중국과 타이완 등 역사문제로 일본과 갈등을 벌인 아시아 국가들은 그 내용을 높이 평가했다. 하지만 담화에 대한 한국의 반응은 매우 신중했다. 한국 정부는 향후 일본의 태도를 주목하겠다는 입장을 내놓았다. 이 무라야마 담화는 최근까지도 일본 정부의 공식 입장 구실을 했다.

수정주의

하지만 1990년을 전후하여 일본 국내외에서 나타난 변화와 그로 인해 발표된 일련의 담화 내용에 대해 일본의 보수세력이 잠자코 있지는 않았다. 고노 담화에 대해서는 물증도 없는데 위안부 강제동원을 인정했다고 반발했고, 호소카와 총리의 발언에 대해서는 보수·우익 성향의 의원들이 '역사검토위원회'를 설립하여 대응했으며, '부전 결의'에 대해서는 '50주년 의원연맹'과 '올바른 역사 의원연맹'을 결성하여 저항했다.

자민당 국회의원들 3분의 2가량이 참여한 '50주년 의원연맹'은 결성취지서에서 '후세에 역사적 과오를 저지를 국회 결의'를 결코 용인할 수 없다고 밝혔다. 그리고 그 이유를 이렇게 제시했다.

> "전후의 점령정책 및 좌익세력의 횡포에 의한 일방적인 단죄와 자학적인 역사인식을 재고하고, 공정한 사실 (史實) 검증에 기초하여 역사의 흐름을 해명하며, 일본 및 일본인의 명예와 긍지 회복을 도모해야 한다. 국회의 반

성, 사죄, 부전 결의는 전후의 왜곡된 역사인식을 인정하려는 것에 다름 아니고, 우리나라의 앞길에 화근을 가져오는 것이기에 결코 용인할 수 없다."

이를 달리 표현하면, 일본은 '침략전쟁'이 아니라 자위의 전쟁을 수행했고, 전후의 역사인식은 자학적인 것이며, 국회 차원의 반성과 사죄, 부전 결의는 절대 용납할 수 없다는 얘기이다. '50주년 의원연맹'의 대표 오쿠노가 보기에는 전쟁 책임에 대한 사죄 표명이 일본국가의 근본을 해치는 것이고 전후 일본인의 가치관, 국가관, 역사관과 관련된 근본문제였다. '침략전쟁', '식민지 지배', '사죄'란 표현과 '부전 결의'를 결코 용납할 수 없는 역사적 오점이라고 본 이유가 여기에 있다. 이런 인식은 비단 오쿠노 개인뿐만이 아니라 '50주년 의원연맹'에 가입한 의원들 2백여 명이 공유하는 인식이었다. 이들은 '대동아 전쟁'이 자존과 자위의 전쟁이자 아시아 해방을 위한 전쟁이었으며, 난징대학살과 일본군 위안부 등은 날조된 것이고 일본은 전쟁범죄를 저지르지 않았다고 주장했다.

이러한 역사인식이 일부 정치인들을 넘어서 대중들 사이로 확산되어나가게 된다. 여기에는 앞서 얘기한 탈냉전과 경기침체 외에도 1995년에 발생한 대형 악재가 상당한 영향을 미쳤다. 1995년 1월의 고베 대지진과 3월의 옴진리교에 의한 지하철 테러사건은 경제대국 일본의 자존심에 타격을 입히고 성장만능주의의 취약성을 드러낸 사건이었다.

민간 차원에서 새로운 역사교육 운동이 전개된 것이 바로 이 무렵이다. 1995년 7월에 결성된 '자유주의사관연구회'와 1996년 12월에 조직된 '새로운 역사교과서를 만드는 모임'(이 하 '새역모')이 역사교육과 역사교과서의 전면 개혁을 주장하면서 활동을 개시했다. 특히 기존의 역사교과서가 일본인이 계승해야 할 문화와 전통을 잊어버리게 하고 일본인의 자랑거리를 앗아가는 잘못된 역사상을 전달하고 있기 때문에 그것을 '수정'해야 한다고 '새역모'는 주장했다. '새역모'는 사실을 기술하기보다는 기존의 역사상을 전면 수정하는 데 목표를 두었다. 이런 점에서 '새역모'의 입장을 수정주의라고 볼 수 있겠다.

'자유주의사관연구회'와 '새역모'는 '천황'을 강조하는 기존의 보수우익과 달리 '국민'을 강조했다. 이들은 과거사를 반성하고 사죄하는 것을 치욕으로 여기고 반발했다. 그들은 한 걸음 더 나아가 '국민의 역사'란 자부심을 가질 수 있게 해야 한다면서 '부정적인 것'과 '어두운 것'을 버리고 '긍정적인 것'과 '밝은 것'을 강조하는 방식으로 이야기를 서술하고자 했다. 이것이 '새역모'가 편찬한 대중 역사서『국민의 역사』에 잘 나타나 있다. 저자인 니시오 간지는 이 책에서 일본 국민의 독자성과 우수성을 타국민의 문제점과 열등성에 견줘서 강조했다. 타자와의 비교를 통해서 자국의 상대적 자부심을 확보하는 방식을 취한 셈이다. 결국 함동주 교수의 말마따나 '새역모'의 수정주의는 '일본인의 자부심'을 강조하는 일종의 민족주의라고 볼 수 있을 것이다.

일본의 수정주의는 전쟁 책임론, 특히 위안부 문제를 비판하면서 그 실체를 드러냈다. 일본 사회에서 위안부 문제가 논의되기 시작한 것은 1990년부터였다. 일본 정부가 일본 국회에서 위안부 문제에 대한 일체의 책임을 부정하고 나서자 한국이 그에 대해 비판을 가하기 시작했다. 게다가 1991년에는 위안부의 증언이 처음으로 나왔다. 사정이 이렇게 되자 일본 국내외에서 일본 정부의 사죄에 대한 요구가 제기되었고, 1996년에는 일부 중학교 역사교과서에 위안부 문제가 실리게 되었다. '새역모'의 회장인 도쿄대학의 후지오카 노부카쓰 교수가 일본의 역사교육을 '자학사관'에 기반을 두고 있다고 비판했는데 그 직접적인 계기가 교과서에 실린 위안부 문제에 있었다. 그는 문부대신에게 서한을 보내 위안부에 관한 기술을 교과서에서 삭제하라고 요구했다. 그 사실을 배운 학생들이 일본에 대해 부정적인 인식을 갖게 된다는 이유 때문이었다. 그는 물론 위안부의 강제 연행 사실조차도 부정했다. 이렇게 전쟁 책임론과 위안부 문제의 비판에서 출발한 수정주의는 이후 일본 역사 전반, 특히 근현대사 연구와 서술로 확대되었다.

일본의 수정주의는 한국과 중국의 식민 지배와 관련하여

그것이 일본의 팽창주의와 침략주의의 산물이라고 본 전후 역사학과 달리 일본이 처음부터 침략의 의도를 갖지도 않았을 뿐더러 한국과 중국에도 식민지화의 책임이 있다고 주장했다. 또한 식민지 지배의 결과 식민지 사회의 정상적 발전을 저해하였다는 기존의 견해와 달리 식민지의 근대화에 커다란 기여를 했다면서 식민지 지배의 긍정적인 측면을 강조했다. 수정주의는 일본 제국주의의 불법성과 부도덕성을 주장하는 논리를 반박하고 샌프란시스코 조약과 한일협정 등에 규정된 국가 배상의 의무를 이미 마쳤기 때문에 배상과 보상을 해야 할 의무가 더 이상 없다고 주장했다. 요컨대 근대 일본을 지나치게 부정적으로 인식하는 전쟁 책임론과 식민지 지배 책임론은 수정되어야 한다고 주장했다.

한편 '50주년 의원연맹'을 민간 차원에서 지지한 '일본을 지키는 국민회의'는 신도(神道)계 종교단체들의 모임인 '일본을 지키는 모임'을 통합하여 1997년 5월에 '일본회의'를 결성했다. 이 '일본회의'는 아름다운 일본을 수호하고 자랑스러운 나라를 만들자는 취지에서 설립한 국민운동 단체였다. 그 목표는 '국민적 자부심'을 회복하는 데 있었다. 국회와 지방의회 차원은 물론이고 전국적 차원에서도 조직을 갖추고 있는 이 단체가 현재 아베 정권을 떠받치는 이념적이고 조직적인 토대 구실을 하고 있다.

우리는 이상에서 '부전 결의'에 위기감을 느끼고 결집하기 시작한 보수 강경파의 영향력이 정치인들의 조직을 넘어 민간 우익의 조직으로 확대되는 과정을 살펴보았다. 그들이 내세우는 수정주의는 일본의 '우경화'를 연구한 이지원 교수가 지적한 대로 개인이나 일부 집단의 성향을 넘어 상당히 뿌리 깊은 조직과 탄탄한 사회적 기반을 갖추고 있는 것으로 보인다.

제8장 한국 근현대사 인식의 변화와 기억의 전쟁

20세기 한국사는 극적인 변화의 연속이었다. 일제의 식민지 지배와 해방, 남북분단과 한국 전쟁, 독재와 시민혁명으로 점철되었다. 이렇듯 극적인 변화의 연속이었던 만큼 한국 근현대사를 바라보는 인식도 변천을 거듭해왔다. 최근에는 그것을 둘러싼 대립과 갈등이 더욱 첨예화되고 있다. 해방 전후사의 인식, 건국절, 중등학교 한국 근현대사 교과서, 역사교과서 국정화 문제 등을 둘러싼 논란이 그것이다. 여기서 이러한 논란을 일일이 다 살펴보는 것은 무리이다. 우리의 관심은 이런 논란의 바탕을 이루는 한국 근현대사의 인식에 있다. 한국 근현대사의 인식은 언제나 일제의 식민지 지배를 어떻게 볼 것인가 하는 문제에서 출발한다. 일제의 한반도 지배에 대한 인식의 변천을 살펴보는 것이 그 무엇보다 중요한 이유가 여기에 있다.

일제의 식민사관

일제는 한반도 침략과 식민지 지배를 합리화하기 위해 식민사관을 만들어냈다. 이 식민사관의 기원은 일제강점기 이전인 19세기 말로 거슬러 올라간다.

일본은 19세기 중엽에 아시아의 주변 국가를 버리고 근대화를 추진하여 구미 열강의 일원이 되자는 후쿠자와 유키치의 '탈아론(脫亞論)'에 입각하여 미국과 개항(1854년)을 하고 왕정복고(1867년)를 이룩했다. 메이지 유신을 단행한 일본은 근대 서구의 문물을 도입하고 부국강병의 민족국가로 급속한 발전을 이루었다.

그런 가운데 '탈아론'은 제국주의 사상으로 변모했고 일본은 이를 바탕으로 제국주의 침략을 일삼기 시작했다. 1876년에는 조선과 불평등 조약인 강화도조약을 체결하고, 1905년에는 대한제국의 외교권을 박탈하기 위한 을사늑약을 강제로 체결했으며, 1910년에는 급기야 대한제국의 통치권을 일본에 양여한다는 한일병합조약을 체결하고 한반도를 식민지로 지배하기 시작했다.

일본이 자국의 침략을 정당화하고 합리화하기 위한 식민사관을 만들어낸 것은 바로 이런 과정 속에서였다. 식민주의 역사학을 연구한 윤해동 교수가 지적한 바에 따르면 일본 육군 참모본부의 '군사조사' 활동 차원에서 도쿄대학을 중심으로 조선사 연구가 본격적으로 진행되었다. 1890년대에 조선사는 물론이고 중국사 연구 성과들이 등장하게 된 이유가 여기에 있다. 일본인 역사학자 하야시 다이스케가 그의 저서 『조선사』(1892년)를 통해 식민사관을 구체적으로 드러낸 것이 이 무렵이다. 그는 이 책에서 일본 민족과 조선 민족의 조상이 하나라는 일선동조론과 일본이 4세기 후반에 가야 지역을 정벌하고 임나일본부를 설치하여 한반도 남부를 지배했다는 임나일본부설을 주장했다. 그는 한술 더 떠서 마치 한국이 조선 시대에 이르기까지 중국의 속국 노릇을 한 것처럼 서술했다. 이러한 내용은 한반도 침략을 합리화하려는 발상에서 비롯된 것이다. 이 책이 일본인들에게는 물론이고 한말의 일부 지식인들과 한국인 역사학자들에게 적잖은 영향을 미쳤다.

일제가 한반도를 강점한 이후에는 두 가지 전략을 편 것으로 보인다. 한편으로는 한국인들이 한국사의 흐름을 제대로 알 수 없도록 조선인의 민족정신이 담긴 저서들을 금서로 지정하여 읽지 못하게 했다. 다른 한편으로는 일본 역사가들이 저술한 조선사의 내용을 받아들이도록 강요했다.[7] 한걸음 더 나아가 조선사편수회를 설치해 식민사관을 담은 조선사를 편찬하는 일에 착수했다. 이 일에 일본인 조선사 연구자들은 물론이고 한국인 학자들도 동원되었다.

이때 발간된 한국사 관련 저서들은 외세의 침략과 타율, 정

---

[7] 이에 대한 저항으로 박은식이 중국 상하이에서 『한국통사』(1915년)와 『한국독립운동지혈사』(1920년)를 저술·발간하여 민족사관 수립에 기여한 것이 이 무렵이다.

체와 사대주의를 강조했다. 그러면서 한민족의 창조적 의지와
자주독립성을 부정하고 한민족을 숙명성과 당파성에 오염된
열등한 민족으로 규정했다.

이 당시 일제가 만들어낸 식민사관의 근간을 이루는 주요
내용으로 일선동조론과 타율성론, 정체성론을 들 수 있다. 일
선동조론은 조선과 일본 양국의 조상이 동일하다는 주장으로
한일병합을 전후하여 일제의 한반도 침략과 식민지 지배를
정당화하는 이론적 수단으로 활용되었다. 이것이 1920년대와
1930년대에는 일종의 민족말살 정책인 내선일체와 황국신민
화 정책들로 이어졌다.

타율성론은 한국의 역사가 한국인의 자율적 의지가 아니라
외세의 침략과 영향에 의해 타율적으로 전개되어 왔다는 주
장이다. 일제는 한국의 역사를 이러한 타율성에서 벗어나게
해주었다면서 이 주장을 식민지 지배를 정당화하는 구실로
삼았다. 한국이 반도라는 지리적 조건 때문에 북쪽으로는 대
륙 세력에 의해 압도되고 남쪽으로는 해양 세력에게 밀려 한
민족의 자주적 역사를 형성할 수 없었다는 반도사관이나 한
국의 역사는 만주사의 일부에 지나지 않는다는 만선사관도
한국사의 독자성과 주체적 발전을 부정하는 타율성이론과 그
궤를 같이 한다.

일본의 사회경제사가들이 내세운 정체성론은 한국사의 단
계적 발전과정을 부정한다. 그들은 조선을 근대 자본제 사회

로 이행되는 데 필요한 봉건제가 결여된 정체 사회라거나 왕조의 교체만 거듭되어온 낙후된 전근대 사회라고 파악했다. 그들은 한걸음 더 나아가 조선이 혼자의 힘으로는 근대화를 이룩할 수 없다는 자생적 근대화 불가능론을 주장했다. 이 주장은 일제의 식민지 통치가 조선의 근대화를 위한 것이라는 식민지 지배의 합리화로 이어졌다. 일본인 사회경제사가들뿐만 아니라 일부 한국인 사회경제사가들도 이러한 정체성론을 받아들이기 시작했으며 1930년대에는 심지어 그것을 내면화하기에 이르렀다.

신채호와 정인보, 문일평을 비롯한 민족주의 역사학자들과 백남운을 비롯한 마르크스주의 역사학자들이 강력한 비판을 제기했음에도 불구하고 일선동조론과 타율성론, 정체성론을 근간으로 하는 식민사관은 일제강점기 내내 막강한 영향력을 행사했다. 1945년에 해방을 맞이하면서 마침내 식민사관의 유산을 뿌리칠 기회가 있었지만 민족분단과 한국전쟁의 소용돌이로 심대한 타격을 받고 위축된 한국사학계는 그것을 비판하고 새로운 역사관을 수립할 여유를 갖지 못했다.

식민지 수탈론과 식민지 근대화론

해방 이후 1950년대까지 한국사학계의 근현대사 인식의 기조는 식민지 수탈론이었다. 하지만 이 시기의 식민지 수탈론은 비록 그것이 일제의 수탈성과 야만성을 강조하고 비판하기는 했지만 타율성론과 정체성론의 자기장을 벗어나지는 못했다. 이런 점에서 이 시기의 식민지 수탈론을 원시적 수탈론 또는 1단계 식민지 수탈론이라고 부른다.

오늘날 우리가 흔히 사용하는 식민지 수탈론은 그 이후에 형성된 2단계 식민지 수탈론을 일컫는다. 이 식민지 수탈론은 4·19혁명 이후 민족주의 이념이 확산되고 5·16 군사쿠데타 이후 근대화 정책이 추진되는 가운데 그 골격이 형성되었다.

해방 이후 한국사학이 직면한 최대 과제는 정체성론과 타율성론의 식민사관을 극복하는 일이었다. 1960년대 이후 김용섭 교수를 비롯한 일부 역사학자들이 제기한 내재적 발전론이 그런 고민의 산물이었다. 내재적 발전론이 제기되면서 식민지 수탈론은 더욱 탄력을 받았다. 내재적 발전론자들은 봉건 사회에서 근대 자본주의 사회로 이행하는 동력이 조선 사회 내부에서 이미 준비되고 있었다고 주장했다. 이들은 일제가 정치권력을 장악하고 인적 자원과 물적 자원을 폭력적으로 수탈하였으며 그들의 식민 지배가 조선 사회에 축적되고 있던 자본주의로의 이행을 위한 동력을 파괴하고 민족 정체성을 해체시켰다고 파악한다. 조선 스스로 이룩해낼 수 있었을 자본주의로의 이행의 가능성이 일제의 침략과 야만적 수탈로 한풀 꺾이게 되었다는 것이다. 이들이 일제의 수탈에 대한 한국인들의 끊임없는 저항, 곧 수탈과 저항이라는 틀로 식민지 시대를 바라본 이유가 여기에 있다. 이들은 그러면서 항일민족운동에 주목했다. 자주적 근대화의 기본 동력이 민족운동에 있다고 본 것이다. 이렇게 내재적 발전론의 입장에서 한국사를 바라보는 시각이 1960년대 이후에는 한국사학계의 주류로 떠올랐다. 정체성론과 타율성론의 식민사관을 극복하려는 데서 출발한 내재적 발전론이 한국인의 민족의식을 회복하고 반일 민족주의를 확립하는 데 이바지할 것이라고 확신하는 분위기였다.

한편 1980년대 중후반에는 내재적 발전론이나 식민지 수탈론을 비판하는 주장이 등장했다. 비판을 제기한 이들은 안병직 교수와 이영훈 교수 등 주로 경제사 연구자들이었다. 이들이 주장한 내용을 식민지 근대화론이라고 부른다. 동아시아에 신흥공업국이 등장한 역사적 배경을 설명하는 과정에서 생겨난 식민지 근대화론은 1990년대 초에 동유럽 사회주의권이 붕괴되고 우리나라가 경제성장을 이룩하게 되면서 더욱 확산되었다.

식민지 근대화론을 주장하는 사람들은 역사발전의 지표를 자본주의 문명에 두고 경제 성장의 계기를 서구와 일본의 근대를 이식하는 데서 찾았다. 이들은 조선 왕조가 외부세력에 의해 멸망되었다기보다 스스로 해체되었다고 봐야할 정도로 말기에 경제적 파탄이 심각한 상태에 이르렀으며 한국의 근대는 일제강점기에 본격화되었다고 주장한다. 이들은 일제의 토지 조사 사업을 계기로 근대적 지주제가 확립되고 1930년대에는 공업화를 추진하여 제조업 중심의 근대적 산업구조가 형성되었다고 파악한다. 그러면서 이들은 조선총독부의 역할을 상당히 긍정적으로 평가하고 일제를 수탈자가 아니라 개발자로 인식한다. 이들이 비록 공업화의 계기를 식민지라는 조건에서 찾고 있기는 하지만 그렇다고 해서 한국인의 주체적 대응을 도외시하지는 않는다. 일제강점기 한국 사회에 나타난 변화를 한국인이 주체적으로 적응하고 수용하여 얻은 산물로 파악한다.

이러한 식민지 근대화론은 수탈과 저항이라는 식민지 수탈론에 익숙해있던 한국사학계에 커다란 충격을 안겨주었다. 뿐만 아니라 기존의 역사상에 의문을 제기하고 근대사를 실증적으로 연구하도록 자극하기도 했다. 하지만 이 시각은 정연태 교수가 지적한대로 수탈과 저항의 측면을 도외시하고 일제의 식민지 개발과 한국의 자기 성장만을 강조하기 쉬운 문제점은 물론이고 일제의 식민 지배와 친일협력이 한국을 개발하고 문명을 이식하는 데 기여했다고 보면서 그것을 합리화할 위험성도 안고 있다.

식민지 근대화론이 제기되면서 1990년대 후반에는 이른바 식민지 근대화 논쟁이 전개되었다. 식민지 시대를 수탈의 관점에서 바라보는 한국사학계의 시각과 그것을 근대화의 관점에서 바라보는 경제사학계의 시각이 팽팽하게 맞섰다. 토지 조사 사업의 수탈성과 근대성을 둘러싸고 시작된 논쟁이 식민지 공업화의 영역으로 확산되었다. 논쟁은 결국 "수탈이냐 개발이냐"의 극단적 논리로 치달았다.

그런 가운데 수탈과 개발의 이분법을 지양하려는 움직임이 나타났다. 한편으로는 일제가 식민지에 이식한 제도에 수탈의 측면과 근대화의 측면이 공존하고 있음을 지적하는 움직임이 일어났고, 다른 한편으로는 식민지 수탈론과 식민지 근대화론이 공통의 기반으로 삼고 있는 근대성 자체를 해체하려는 움직임도 등장했다. 이른바 탈근대론으로 알려진 후자의 움직임을 대변하는 자들은 근대화를 역사의 진보이자 발전이라고 보는 서구 중심주의적 발전사관을 비판하고 나섰다.

뉴라이트의 등장과 기억의 전쟁

2000년대에 들어와서는 뉴라이트 운동이 등장했으며 한국 근현대사에 대한 그들 나름의 역사해석을 제기했다. 한국판 수정주의라고 볼 수 있는 뉴라이트의 역사해석은 역사교과서 논쟁을 불러일으켰고 역사교과서 논쟁은 곧 기억 전쟁으로 확산되었다.

뉴라이트 운동이 정치사회 운동으로 그 모습을 드러낸 것은 2004년 무렵이다. 이때부터 뉴라이트 계열의 시민운동 단체들이 우후죽순처럼 생겨나기 시작했다. 2004년 11월에는 자유주의연대가 창립되고, 2005년 1월에는 교과서포럼이, 같은

해 3월에는 뉴라이트 싱크넷이 각각 창립되었다. 2005년 11월
에는 뉴라이트 전국연합이 발족되었다.

뉴라이트 운동이 기반으로 삼고 있는 사상은 자유주의이
다. 그들이 표방한 자유주의는 시장과 기업에 토대를 두고
있다는 점에서 1980년대 이후 영국과 미국을 풍미한 신자유
주의와 맥락을 같이 한다. 한국판 신자유주의 운동이라고
할 수 있는 뉴라이트 운동의 목표는 선진화 체제 구축이었
다. 2007년 대통령 선거 준비 차원에서 발간한 정책제안서
에 이것이 잘 드러나 있다. 뉴라이트 정책위원회가 마련한
이 제안서에는 작은 정부, 활기찬 시장, 통상강국, 국익우선
의 실용외교, 지속가능한 복지 등의 신자유주의 정책들이
담겨 있다.

뉴라이트 운동을 주도한 세력은 보수 지식인들만이 아니었
다. 전향을 한 학생운동 세력도 중요한 구실을 했다. 이들이
전면에 내세운 명분은 '친북좌파' 세력의 집권 저지였다. 뉴
라이트는 운동은 신자유주의적 시장논리뿐만 아니라 보수적
반공주의에도 이론적 기초를 두고 있었다. 이런 점에서 그들
은 북한을 적대적 존재로 상정하는 반북주의를 표방했다. 이
런 점에서 한국의 뉴라이트가 내세우는 반북주의는 미국과
영국의 신우익이 지향하는 반공주의를 넘어선다.

그런데 뉴라이트 운동이 왜 이 무렵에 폭발적으로 등장했
을까? 기존의 보수 세력이 아니라 왜 그들이 혁신 보수를 상

징하는 세력으로 주목받게 되었을까? 여기에는 몇 가지 요소가 그 배경으로 작용했다.

첫째로, 1997년에 IMF 사태를 겪으면서 우리 사회가 본격적인 신자유주의 시대에 접어들었다. 시장과 기업 위주의 신자유주의적 가치와 제도가 우리 사회 구석구석을 파고들기 시작한 것이다.

둘째로, 그런 가운데 1998년에 김대중 정부가 들어서고, 이어서 2003년에 노무현 정부가 들어서면서 신자유주의 시대를 누려야 할 보수 세력이 정권을 잃고 '잃어버린 10년'을 살게 되었다. 이 때 야당으로 전락한 보수 세력은 깊은 상실감에 빠져들었을 것이다. 노무현 대통령을 비롯한 '진보' 인사들의 역사인식 체계를 교과서포럼이 문제 삼고 나선 것은 바로 이런 상황에서였다.

셋째로, 직접적인 계기가 된 것은 노무현 정부가 추진한 과거사청산 작업이었다. 집권당인 열린우리당이 2004년 총선에서 과반의석을 획득하자 노무현 정부는 4대입법 개혁에 착수했다. 노무현 정부가 국가보안법 폐지를 비롯한 과거사 관련 입법으로 과거사청산 작업에 착수하면서 이념 갈등이 극대화되고 보수 진영은 위기감에 휩싸였다. 뉴라이트가 등장한 것은 바로 이런 위기감 속에서였다.

이밖에 한국 사회의 양극화가 심화되고 노무현 정부의 지지도가 하락한 것이나 북한 핵과 미사일 문제로 북미관계가 악화된 것도 그 배경으로 생각해볼 수 있다.

뉴라이트 운동을 촉발시킨 기폭제 구실을 한 것은 진영논리에 입각한 뉴라이트 시민운동과 역사인식의 교정을 목표로 내건 교과서포럼의 창설이었다. 이들은 한국이 산업화와 민주화의 갈등을 넘어서 선진사회를 이룩해야 한다는 선진화 담론을 받아들였다. 이러한 뉴라이트의 이념적 지향은 역사교과서 논쟁에도 반영되었다.

"중고등학교 교과서가 갖고 있는 문제점을 지적하고 개선하고자 노력하는 지식인 모임"으로 모임의 성격을 규정한 교과서포럼은 과거를 맑은 거울에 비추어보듯 진솔하게 보는 실사구시의 정신에 입각하여 각종 교과서를 비판적으로 분석하고 대안교과서를 집필하며 대중서적을 발간함으로써 올바른 내용을 전파하는 데 혼신의 힘을 기울이겠다고 천명했다. 그들은 실증주의를 역사해석의 기본 입장으로 삼으면서도 역사에는 옳고 그름이 있다는 규범적 태도를 아울러 지니고 있었다.

교과서포럼은 창립기념 학술회의를 열고 기존 교과서의 역사해석을 비판했다. 기존 교과서가 광복과 대한민국 건국을 저평가하고, 북한 체제가 지닌 문제점을 외면하고 있으며, 경제성장과 산업화가 드러낸 부작용을 부각시키고 있고, 독재정치를 지나치게 과장하여 제도적 민주주의의 발전을 무시하고 있다고 비판했다. 2006년에는 교과서포럼에 참여하고 있던 일

부 학자들이 『해방전후사
의 재인식』을 공동으로 편
집하여 출간했다. 이 책의
편집자 가운데 한 사람인
이영훈 교수는 2007년에
대중이 읽기 쉽게 풀어쓴
『대한민국 이야기』를 출간
하기도 했다. 이듬해인
2008년에는 교과서포럼이

〈그림 8.1〉『해방 전후사의 재인식』책 표지

『대안교과서 한국 근현대사』를 출간했다. 이런 책들은 출간되
자마자 많은 논란을 불러일으켰다.

그런가 하면 20011년 5월에는 한국현대사학회가 발족되었
다. 학회는 "한국 현대사학계 일부 연구자들의 편향성과 연구
관점의 오류를 극복하기 위하여 엄정한 객관성과 공정성"을
추구하고, "대한민국의 발전과 역대정부의 역할에 대해 연구"
하며, "대한민국의 역사교육에 기여"하는 것을 창립 취지로
내세웠다. 교과서포럼에서 중심 구실을 하던 인물들이 대거
참여하고 있는 이 학회는 윤해동 교수가 지적한대로 '제2의
교과서포럼' 성격이 짙어 보인다. 학회는 출범과 더불어 기존
교과서에 들어있는 반시장주의 경제 이념을 시정하기 위한
『고등학교 한국사교과서 참고자료』를 출간했다. 이 책의 출간
을 지원한 단체도 다름 아니라 대기업의 이해를 대변하는 전

2011년 8월에는 민주주의의 성격과 헌법 정신을 둘러싼 논쟁이 벌어졌다. 역사교과목의 새로운 교육과정을 개발하기 위해 국사편찬위원회 산하의 역사교육과정 개발정책연구위원회가 시안을 만들었는데 교육과학기술부가 시안에 들어있던 '민주주의'라는 용어를 '자유민주주의'로 수정하여 최종안을 발표한 데서 불거진 논쟁이었다. 일이 이렇게 된 데는 한국현대사학회의 수정 요구가 있었던 것으로 알려져 있다. '민주주의'라는 용어는 인민민주주의를 찬양하는 빌미를 제공할 위험성이 있기 때문에 민주적 절차와 시장경제를 존중하는 '자유민주주의'라는 용어를 사용하여 그 위험성을 배제해야 한다는 것이 학회가 제시한 수정 요구의 사유였다.

교육과학기술부가 발표한 최종안에 대해 시안을 개발한 개발정책연구위원회가 반발을 하고 나섰고 역사학계 또한 목소리를 높여 성토했다. 하지만 교육과학기술부는 이에 아랑곳하지 않고 그 해 11월에 새로운 집필기준을 발표했다. 그 기준에는 '자유민주주의'라는 용어가 그대로 유지되었다. 이런 대립을 두고 '역사전쟁'이 본격화되었다고 평가한 언론도 있었다.

이상의 역사교과서 논쟁을 분석한 김정인 교수는 뉴라이트의 역사인식을 시장주의사관과 반북주의사관으로 정리했다. 이 두 사관은 각각 신자유주의에 기반을 둔 사관과 반공주의에 입각한 사관을 일컫는다.

뉴라이트의 시장주의사관은 식민지 근대화론에서 출발한다. 『대안교과서 한국 근현대사』는 이런 시각에 따라 일제강점기에 상당할 정도로 경제가 성장했으며, 철도와 도로, 항만 등의 기간시설이 건설되고 교육과 위생, 의료 등에 발전이 있었다는 점을 부각시켰다. 이영훈 교수는 이러한 식민지 근대화론을 해방 이후의 그것과 연결하였다. 한국이 오늘날과 같이 번영하는 시장경제를 이룩하게 된 것은 "일제를 통해 이 땅에 들어온 시장경제 체제를 복구하고 발전"시킨 덕분이라고 주장했다.

뉴라이트의 시장주의사관이 잘 드러난 책은 『고등학교 한국사교과서 참고자료』이다. 이 자료집은 "대한민국 건국 이후 한국의 경제발전 과정을 가르치는 데 도움을 주기 위해" 만들어졌다. 저자들은 자료집의 머리말에서 시장경제와 기업을 제대로 인식해야 한다고 강조했다.

"대한민국의 경제발전과 그 기반이 되는 시장경제에 대한 비판과 왜곡이 아직도 우리 사회 일각에 남아 있는 것은 매우 안타까운 일입니다. 특히 대한민국의 경제적 번영을 가져온 시장경제 제도와 그 속에서 세계 최고 수준으로 성장한 우리 기업들에 대한 잘못된 인식은 대한민국 경제 사회의 미래지향적 선진화에 장애가 되는 수준에 도달했다고 할 수 있습니다."

이어서 한국이 경제발전에 성공한 요인으로 경제개발 계획의 성공적 실천, 시장 친화적 민간 중심의 경제발전, 대외 지향적 성장과 개방정책, 창업 일세대 민간 기업가들의 등장 등을 다루었다. 이 자료집은 이렇듯 시장이 주도하는 신자유주의 사관을 전형적으로 보여준다.

뉴라이트는 또한 김대중 정부와 노무현 정부의 대북 정책을 비판하고 북한의 해체를 주장했다. 이들은 문명론에 입각하여 북한을 반문명사회로 파악한다. 인간의 자유를 말살하면서 인민을 기아의 늪으로 몰아넣는 북한의 수령 체제는 인간의 본성을 거스르는 반문명사회라는 것이다. 뉴라이트가 반북주의를 주장하는 까닭은 여기에 있다. 그들은 반북주의에서 한걸음 더 나아가 국내의 진보세력을 종북세력으로 내몰았다. 대한민국이 "지성의 착란, 국가적 분열, 자유민주주의적 체제의 위기"에 직면해 있다고 진단하고 그 책임을 종북세력의 탓으로 돌렸다.

이러한 반북주의는『대안교과서 한국 근현대사』에 잘 나타나 있다. 북한의 역사를 한국현대사의 틀 속에 포함시켜 서술한 기존의 한국사 교과서들과 달리 이 교과서는 그것을 보론으로 다루었다. 한마디로 북한의 역사는 대한민국의 역사가 아니라는 얘기이다. 게다가 탈냉전 이후 위기에 처한 북한의 역사를 북한은 결국 붕괴하고 만다는 붕괴론적 시각으로 그려내고 있다.

2013년에는 뉴라이트가 2008년의 대안교과서 파동 때보다 더욱 격렬한 정치 공세를 펼쳤다. 그 결과 뉴라이트의 사관이 담긴 교학사 역사교과서가 국사편찬위원회의 검정을 통과하기에 이르렀다. 해당 교과서의 집필자들은 기존의 역사교과서가 사회주의적 역사 해석의 틀을 지니고 있고 조선공산당이 사용하던 역사인식 프레임을 그대로 사용하고 있다고 비판하면서 자신들의 시각을 정당화했다. 보수언론과 보수 세력은 여기서 한 걸음 더 나아가 이른바 진영 논리를 내세우며 '좌편향 교과서'의 퇴출을 시도했다. 하지만 2014년 1월 들어서 결과는 오히려 반대로 일선 고등학교의 교학사 교과서 채택률이 0퍼센트 대에 머문 것으로 나타났다. 그러자 이번에는 보수 정치권이 나서서 역사교과서 국정화의 군불을 지피기 시작했다. 결국 박근혜 정권은 2015년 11월에 역사교과서 국정화 고시를 확정하고 교과서 집필 작업에 착수했다. 정치권이 역사 서술과 교육을 지배하기에 이르렀다.

이상에서 살펴본 뉴라이트의 역사 인식과 서술 경향은 다른 나라에서 등장한 수정주의 내지는 부정주의 경향과 유사한 점이 많아 보인다. 기존 역사 해석과 수정주의 역사 해석 간의 갈등을 유럽에서는 흔히 역사논쟁이라고 일컫는다. 한국에서는 역사논쟁보다 역사전쟁이라는 표현을 더 자주 사용한다.

그런데 한국 근현대사의 인식과 서술을 둘러싸고 벌어진 갈등의 양상을 역사전쟁보다는 기억의 전쟁이라고 표현하는

〈그림 8.2〉 한국사 교과서 국정화 반대 기자회견

것이 더 적절하지 않을까 싶다. 서양사를 전공하는 안병직 교수는 이를 역사보다 기억의 차원으로 이해해야 하는 이유로 다음 두 가지를 들고 있다. 우선 그간의 갈등과 논란이 역사학계의 영역을 넘어서 정부와 정당, 사회단체, 언론 등이 적극 개입하는 양상으로 전개되었다. 한국 근현대사의 인식과 서술 문제가 단순한 역사학의 그것을 넘어 한국 사회의 집단기억을 둘러싼 갈등으로 나타난 것이다. 이는 민주화라는 한국 사회의 변화가 있었기에 가능했다.

또 다른 이유로 역사교육, 곧 역사교과서 문제가 논란과 갈등의 핵심을 이루고 있다는 점이다. 흔히 알고 있다시피 전문 역사지식을 습득하는 교재인 역사교과서는 학문적 연구 성과물로 구성된다. 하지만 여기에 그치지 않는다. 역사교과서는 또한 특정 국가나 사회가 자신들의 가치와 이념을 과거사 서술에 반영하는 역사적 서사의 측면을 지니고 있다. 국민국가에서는 역사교과서가 집단기억을 창출하고 매개하며 공유하는 대표적 수단이다. 정부나 시민사회 구성원들이 역사교과서에 영향력을 행사하려는 이유가 바로 여기에 있다. 이런 점에서 역사교육은 '기억의 정치'가 작동하는 세계이다.

요컨대 요즘 논란이 되고 있는 한국 근현대사의 인식과 서술을 둘러싼 갈등은 기억의 전쟁, 좀 더 엄밀하게 말하면 집단기억의 전쟁의 성격이 강하다. 2005년에 벌어진 맥아더 동상 철거를 둘러싼 진보 단체와 보수 단체의 갈등이 이를 단적으로 잘 드러내준다. 일제강점기와 한국전쟁, 군사독재로 이어지는 20세기 한국 근현대사의 인식에 대한 갈등도 마찬가지이다.

참고문헌

구승회, 「나치역사 평가를 둘러싼 독일학계의 논쟁」, 『역사비평』 20, 1993.

권귀숙, 『기억의 정치: 대량학살의 사회적 기억과 역사적 진실』, 문학과지
　　성사, 2006.

권성주, 「1990년대 초반의 일본 국내 역사인식논쟁과 '무라야마 담화'」, 『일
　　본공간』 9, 2015.

김낙년, 「'식민지 근대화' 재론」, 『경제사학』 43, 2007.

김승렬, 「동·서독 분단과 나치 과거극복(1945-1990)」, 『독일연구』 8, 2004.

김승렬·신주백, 『분단의 두 얼굴』, 역사비평사, 2005.

김용우, 「수정주의 역사학의 세 얼굴: 퓌레, 데 펠리체, 놀테의 파시즘 해석」,
　　『역사비평』 44, 1998.

김용우, 『호모 파시스투스』, 책세상, 2005.

김용태, 「미셸 푸코, 권력과 지식, 그리고 신역사주의」, 『인문과학연구』 15,
　　1996.

김원중, 「역사기억법(2007)과 스페인의 과거사 청산 노력에 대하여」, *Revista*
　　Iberoamericana, 21, 1, 2010.

김유경, 「국민국가의 집단기억과 역사교육·역사교과서」, 『창작과 비평』
　　30-1, 2002.

김응종, 「피에르 노라의 『기억의 장소』에 나타난 '기억'의 개념」, 『프랑스

　사연구』 24, 2011.

김정인, 「역사교과서 논쟁과 뉴라이트의 역사인식」, 『역사교육』 133, 2015.

김준섭, 「전후 일본인의 역사인식에 관한 고찰」, 『한국정치학회보』 34집
　　4호, 2001.

김한종, 「<한국근·현대사> 교과서 파동의 전말과 쟁점」, 『역사와 세계』
　　35, 2009.

김한종, 『역사교과서 국정화, 왜 문제인가』, 책과함께, 2015.

노라, 피에르 저, 김인중 외 옮김, 『기억의 장소』 I~V, 나남, 2010.

데쓰야, 다카하시 지음, 김성혜 옮김, 『역사/수정주의』, 푸른역사, 2015.

도서출판 삼인 엮음, 『기억과 역사의 투쟁』(당대비평 특별호), 삼인, 2002.

루소, 앙리 지음, 이학수 옮김, 『비시 신드롬』, 휴머니스트, 2006.

문수현, 「독일 근현대사 해석틀의 변화」, 『인문논총』 54, 2005.

바슈텔, 나당, 「기억과 역사 사이에서: 서론」, 『역사연구』 9, 2001.

박태균, 「뉴라이트의 등장과 역사인식 논쟁」, 『황해문화』 56, 2007.

박태균, 「한국현대사의 논쟁에 대한 재평가와 교과서 수록 방안」, 『역사
　　학보』 205, 2010.

배성준, 「'식민지 근대화' 논쟁의 한계 지점에 서서」, 『당대비평』 13, 2000.

송충기, 「역사학과 과거청산: 나치시대 역사가들을 어떻게 볼 것인가?」,
　　『대구사학』 80, 2005.

신동규, 「프랑스 부정주의의 논리: 홀로코스트에 대한 인식과 해석」,
　　『역사와문화』 28, 2014.

신동규, 「홀로코스트 부정의 논리와 박유하의 『제국의 위안부』: 비역사
　　적 내러티브 구축을 통한 집단기억과 집단감정에 대한 도전」,
　　『사총』 88, 2016.

신주백, 「교과서포럼의 역사인식 비판」, 『역사비평』 76, 2006.

신주백, 『한국 역사학의 기원』, 휴머니스트, 2016.

심용환, 『역사전쟁』, 생각정원, 2015.

아스만, 알라이다 저, 변학수, 채연숙 옮김(2011), 『기억의 공간』, 그린비.

안병직, 「홀로코스트의 기억과 역사가」, 『독일연구』 14, 2007.

안병직, 「한국사회에서의 '기억'과 '역사'」, 『역사학보』 193, 2007.

안병직, 「동아시아의 역사 갈등과 한국사회의 집단기억」, 『역사학보』 197, 2008.

안병직, 「기억, 담론, 학문으로서의 역사: 한국 현대사의 인식 및 서술을 둘러싼 논란과 갈등에 부쳐」, 『현대사광장』 1, 2013.

안병직 외 지음, 『세계의 과거사 청산』, 푸른역사, 2005.

안병직 외 지음, 『세계 각국의 역사논쟁』, 대한민국역사박물관, 2014.

위스트리치, 로버트 S, 송충기 옮김, 『히틀러와 홀로코스트』, 을유문화사, 2004.

육영수, 「역사, 기억과 망각의 투쟁」, 『한국사학사학보』 27, 2013.

윤해동, 「뉴라이트 운동과 역사인식」, 『민족문화논총』 51, 2012.

윤해동, 「식민주의 역사학 연구 시론」, 『한국민족운동사연구』 85, 2015.

이규수, 「일본 사회의 '과거사' 기억과 우경화」, 『일본학』 24, 2005.

이규수, 「전후 일본의 역사인식: 전쟁기억과 '대동아전쟁'론」, 『일본학』 33, 2011.

이규수, 「일본의 전쟁책임문제와 네오내셔널리즘」, 『아시아문화연구』 29, 2013.

이덕형·김수정·송윤희 공저, 『독일, 통일 이후가 문제였다: 통일독일 지식인논쟁』, 경북대학교출판부, 2007.

이동기, 「현대사박물관, 어떻게 만들 것인가?」, 『역사비평』 96, 2011.

이병련, 「독일 역사 교과서에 나타난 나치독재와 홀로코스트(1)」, 『독일연구』 10, 2005.

이병련, 「독일 역사 교과서에 나타난 나치독재와 홀로코스트(2)」, 『독일연구』 24, 2012.

이신철, 「식민주의와 민족주의의 함정을 넘어서: 한국 근현대사 역사(교육) 논쟁의 본질을 향한 탐색」, 『역사와 현실』 100, 2016.

이용우, 『프랑스의 과거사 청산』, 역사비평사, 2008.

이용우, 『미완의 프랑스 과거사』, 푸른역사, 2015.

이용우, 「프랑스의 대독협력자 숙청에 대한 여론과 기억, 1944-2004」, 『서양사론』 92, 2007.

이용우, 「레지스탕스의 역사와 기억: 1993년의 '장 물랭 사건'을 중심으로」, 『역사교육』 124, 2012.

이용재, 「역사의 정치적 이용: 사르코지 대통령과 '역사 만들기'」, 『프랑스 사연구』 29, 2013.

이지원, 「일본의 '우경화': '수정주의적 역사인식'과 아베식 '전후체제 탈각'의 한계」, 『경제와 사회』 101, 2014.

이진모, 「독일 역사정치 속의 68운동과 과거극복」, 『호서사학』 50, 2008.

이희영, 「독일 '68세대'와 과거극복」, 『한국사회학』 40집 3호, 2006.

임성모, 「일본 '역사수정주의'의 역사서술론」, 『역사교육』 82, 2002.

임성모, 「전후 일본의 역사인식과 역사교육: 쇼와사 논쟁과 교과서 검정을 중심으로」, 『한국민족운동사연구』 66, 2011.

전상숙, 「침략·식민지, 일본의 역사인식」, 『문화과학』 40, 2004.

전진성, 「역사와 기억: "기억의 터"에 대한 최근 독일에서의 논의」, 『서양사론』 72, 2002.

전진성, 「어떻게 부담스런 과거와 대면할 것인가」, 『독일연구』 6, 2003.

전진성, 「기억과 역사: 새로운 역사·문화이론의 정립을 위하여」, 『한국사학사학보』 8, 2003.

전진성, 「기억의 정치학을 넘어 기억의 문화사로」, 『역사비평』 76, 2006.

전진성·이재원 엮음, 『기억과 전쟁』, 휴머니스트, 2009.

정연태, 「일제의 한국 지배에 대한 인식의 갈등과 그 지양」, 『역사문화연구』 53, 2015.

정연태, 『한국근대와 식민지 근대화 논쟁』, 푸른역사, 2011.

조원옥, 「영화로 불러낸 기억의 변화, 홀로코스트 영화」, 『대구사학』 90, 2008.

주진오, 「뉴라이트의 식민사관 부활 프로젝트: 근대 초기 서술의 문제점」, 『역사비평』 83, 2008.

최갑수, 「홀로코스트, 기억의 정치, 유럽중심주의」, 『사회와 역사』 70, 2006.

최갑수, 「국가, 과거의 힘, 역사의 효용」, 『역사비평』 85, 2008.

최호근, 「집단기억과 역사」, 『역사교육』 85, 2003.

최호근, 「이스라엘의 홀로코스트 기억과 역사 만들기」, 『역사비평』 68, 2004.

최호근, 「미국에서의 홀로코스트 기억 변화」, 『미국사연구』 19, 2004.

최호근, 「이스라엘의 역사교육과 홀로코스트」, 『역사교육논집』 34, 2005.

최호근, 「부담스러운 과거와의 대면: 독일에서의 홀로코스트 기억」, 『서양사론』 84, 2005.

최호근, 『서양현대사의 블랙박스, 나치대학살』, 푸른역사, 2006.

최종규, 「일본 식민주의사관의 기원과 극복」, 『경기사학』 5, 2001.

코카, 위르겐, 「불편한 과거사의 처리: 1945년 및 1990년 이후 독일의 집단기억과 정치」, 『독일연구』 7, 2004.

푸코, 미셸 저, 콜린 고든 편, 홍성민 옮김, 『권력과 지식』, 나남출판, 1995.

푸코, 미셸 저, 이정우 옮김, 『지식의 고고학』, 민음사, 2000.

함동주, 「전후 일본의 역사인식과 '한일회담'」, 『일본역사연구』 12, 2000.

함동주, 「일본 역사수정주의의 내셔널리즘과 타자 인식」, 『일본역사연구』 17, 2003.

허시, 허버트 지음, 강성현 옮김, 『제노사이드와 기억의 정치』, 책세상, 2009.

황보영조, 「스페인 현대사에 관한 수정주의 해석과 그 등장 배경」, 『역사교육논집』 58, 2016.

힐베르크, 라울, 김학이 옮김, 『홀로코스트 유럽 유대인의 파괴』, 개마고원, 2008.

Aguilar, Paloma and Carsten Humlebaek, "Collective Memory and National Identity in the Spanish Democracy," *History and Memory*, vol. 14, 1/2, 2002.

Aguilar, Paloma, "Collective memory of the Spanish civil war: The case of the political amnesty in the Spanish transition to democracy," *Democratization*, vol. 4, no. 4, 2007.

Aguilar, Paloma, *Políticas de la memoria y memorias de la política*, Madrid: Alianza Editorial, 2008.

Belot, Robert, "La société française aux prises avec la mémoire de la Deuxième Guerre mondiale: Représentations et usages du passé," 『프랑스사연구』 18, 2008.

Bodovillé, Daniel, "Public Memory of World War II in France from 1945 to the Present," *South Shore Journal*, vol. 5, 2013.

Boyd, Carolyn P., "The Politics of History and Memory in Democratic Spain," *The Annals of the American Academy of Political and Social Science*, vol. 617, 2008.

Duvenage, Pieter, "The Politics of Memory and Forgetting After Auschwitz and Apartheid," *Philosophy & Social Criticism*, vol.25, no.3, 1999.

Encarnación, Omar G., "Reconciliation after Democratization: Coping with the Past in Spain," *Politica Science Quarterly*, vol. 123, no. 3, 2008.

Faber, Sebastiaan, "The price of peace: Historical memory in Post-Franco Spain," *Revista Hispánica Moderna*, vol. 58, no. 1-2, 2005.

Froeyman, Anton, "The ideal of objectivity and the public role of the historian: some lessons from the Historikerstreit and the History Wars," *Rethinking History*, vol. 20, no. 2, 2016.

Gálvez Biesca, "El proceso de la recuperación de la 'memoria histórica' en España: Una aproximación a los movimientos sociales por la memoria," *International Journal of Iberian Studies*, vol. 19, no. 1, 2006.

Gorman, Jonathan, "The Commonplaces of 'Revision' and Their Implications for Historiographical Understanding," *History and Theory*, vol. 46, no. 4, 2007.

Howe, Stephen, "The Politics of Historical 'Revisionism': Comparing Ireland and Israel/Palestine," *Past & Present*, no. 168, 2000.

Klar, Yechiel, Noa Schori-Eyal and Yonat Klar, "The 'Never Again' State of Israel:

The Emergence of the Holocaust as a Core Feature of Israel Identity and Its Four Incongruent Voices," *Journal of Social Issues*, vol.69, no.1, 2013.

Kopecek, Michal, *Past in the Making: Historical revisionism in Central Europe after 1989*, Budapest: Central European University Press, 2008.

Lebow, Richard Ned, Wulf Kansteiner and Claudio Fogu, eds., *The Politics of Memory in Postwar Europe*, Durham and London: Duke University Press, 2006.

Levy, Daniel, "The Future of the Past: Historiographical Disputes and Competing Memories in Germany," *History and Theory*, vol.38, no.1, 1999.

Levy, Daniel & Natan Sznaider, "Memory Unbound: The Holocaust and the Formation of Cosmopolitan Memory," *European Journal of Social History*, vol. 5, no. 1, 2002.

Ofer, Dalia, "We Israelis Remember. But How? The Memory of the Holocaust and the Israeli Experience," *Israel Studies*, vol.18, no.2, 2013.

Rousso, Henry, *The Haunting Past: History, Memory, and Justice in Contemporary France*, trans. by Ralph Schoolcraft from the French, Philadelphia: University of Pennsylvania Press, 2002.

Rousso, Henry, Lucy Golsan & Richard J. Golsan, "The Political and Cultural Roots of Negationism in France," *South Central Review*, vol. 23, no. 1, 2006.

Shapira, Anita and Ora Wiskind-Elper, "Politics and Collective Memory: The Debate over the 'New Historians' in Israel," *History and Memory*, vol.7, no.1, 1995.

Stargardt, Nick, ed., "The Historikerstreit Twenty Years On," *German History*, vol. 24, no. 4, 2006.